ARCHIVES DES LETTRES MODERNES

248

BERNARD   VOUILLOUX

mimesis

sacrifice et carnaval
dans la fiction gracquienne

PARIS — LETTRES MODERNES — 1991

SIGLES ET ABRÉVIATIONS

BT   *Un Beau ténébreux*. Paris, J. Corti, [1945] 1972.
CA   *Au château d'Argol*. Paris, J. Corti, [1938] 1975.
En   *En lisant en écrivant*. Paris, J. Corti, 1980.
Ll   *Lettrines*. Paris, J. Corti, [1967] 1975.
RC   « Le Roi Cophétua », in *La Presqu'île*. Paris, J. Corti, 1970.
RS   *Le Rivage des Syrtes*. Paris, J. Corti, 1951.

Les autres œuvres de Julien Gracq citées au cours de l'essai ont été publiées chez le même éditeur.

À l'intérieur d'un même paragraphe, les séries continues de références à une même source sont allégées du sigle commun initial et réduites à la seule numérotation ; par ailleurs les références consécutives identiques ne sont pas répétées à l'intérieur de ce paragraphe.

Toute citation formellement textuelle (avec sa référence) se présente soit hors texte, en caractère romain compact, soit dans le corps du texte en *italique* entre guillemets, les soulignés du texte d'origine étant rendus par l'alternance romain / *italique* ; mais seuls les mots en PETITES CAPITALES y sont soulignés par l'auteur de l'étude. Le signe * devant une séquence atteste l'écart typographique (*italiques* isolées du contexte non cité, PETITES CAPITALES propres au texte cité, interférences possibles avec des sigles de l'étude) ou donne une redistribution *| entre deux barres verticales| d'une forme de texte non avérée, soit à l'état typographique (calligrammes, rébus, montage, découpage, dialogues de films, émissions radiophoniques...), soit à l'état manuscrit (forme en attente, alternative, options non résolues...).

PRODUIT EN FRANCE
ISBN 2-256-90441-5

I

D'UN DIALOGUE CACHÉ

BIEN que séparés l'un de l'autre par toute la distance que disent les dates tout autant que par les présupposés philosophiques, les outils conceptuels, les protocoles méthodologiques et les visées théoriques qui sont les leurs, le travail de Mikhaïl Bakhtine sur la carnavalisation littéraire et l'interprétation que René Girard a proposée du sacrifice manifestent des effets de convergence particulièrement remarquables. Un tel rapprochement, chacune de ces entreprises, refermée sur sa cohérence propre, semble sinon le refuser, du moins ne pas le solliciter directement. Serait-ce que cette convergence ne se justifierait pas autrement que de façon intuitive, dans le seul champ de la réception où une coïncidence aura fait qu'ils se donnèrent à lire, en France, presque simultanément ? Une illusion imputable au destinataire, gagée sur des effets de lecture, serait-elle seule ici en cause, qui instaurerait le dialogue idéologique entre deux voix indépendantes, entre deux « modèles » qu'une relation mimétique aurait tôt fait de transformer en rivaux ?

Les thèses de Bakhtine sont centrées principalement sur l'étude des schémas compositionnels et l'analyse synchronique du discours (ce qu'il appelle le « mot ») ainsi que sur la typologie des genres littéraires à travers leurs variations historiques. C'est dire qu'elles portent au premier chef sur la forme des textes, en tant que s'y marque une certaine posture, en l'occurrence dialogique, par rapport à la parole, même si elles ne s'interdisent pas de prendre en compte les contenus thématiques. Partant des composantes génériques, elles débouchent sur une compréhension extrêmement fine des modulations les plus subtiles du discours. Cependant, là où la stylistique, la lexicologie et la sémantique persistent à appréhender le mot dans le seul plan de la langue (voir pp. 243-4[1]), elles en appellent à une translinguistique, c'est-à-dire à une lecture pragmatique avant la lettre des phénomènes d'énonciation. En outre, c'est tout un courant de la littérature occidentale, et non des moindres, puis, de proche en proche, toute une pensée qu'elles permettent de redécouvrir, l'innovation consistant surtout à les faire émerger et à les aborder dans la perspective qui est la leur plutôt que de leur imposer, comme c'était le cas jusqu'alors, le mode de réflexion idéologique dominant. Ainsi leur apport le plus évident, subsumant les dimensions parcellisées de la textualité contemporaine, embrassant les axiomatiques modernes, de la linguistique à la sémiotique et de la poétique à la théorie des genres, réside-t-il dans l'instauration d'une problématique de la culture au sens le plus large. Essentiellement « littéraires », parce que conçues et construites à partir d'œuvres littéraires (Dostoïevski, Rabelais), elles n'en postulent pas moins une saisie globale des processus socio-culturels, et ce sans jamais se départir d'une grande rigueur quant à l'évaluation de leurs rapports réciproques : « *On ne peut évidemment pas séparer la poétique des analyses historico-sociales, mais il ne faut pas non plus qu'elle s'y dissolve.* » (p. 72[1]).

Tout autre est la démarche suivie par Girard, du moins à partir de *La Violence et le sacré*. Elle repose sur l'exégèse de textes, de rituels, de mythes, de légendes, d'œuvres littéraires, de témoignages ou d'actes juridiques, etc., considérés comme documents. L'œuvre littéraire, lorsqu'elle est convoquée, vient à l'appui d'une démonstration : schématiquement, celle-ci consiste à repérer dans le texte tantôt une description ou une inscription des effets mimétiques du désir, tantôt une structure de représentation, caractérisée par la convergence des stéréotypes indexant les processus victimaires, et, pour les représentations peu ou prou informées par la pensée néo-testamentaire, à mettre en évidence le déchiffrement que nous lègue leur organisation thématique. On voit que, à la différence de Bakhtine qui se fonde toujours sur la littérature pour aller chercher dans les origines et les mutations diachroniques des genres leurs connexions avec le champ culturel (les festivités de type carnavalesque), Girard, après 1972, prend d'abord prétexte de l'analyse élaborée sur le mythe, le rituel ou le document historique pour l'appliquer ensuite au texte littéraire, dont la spécificité en tant que tel, la « littérarité », tend à être noyée dans le traitement homogénéisant qu'il lui fait subir. Cette dissymétrie, ce renversement méthodologiques ne sont qu'apparents ; la présentation qui vient d'en être faite appelle en effet une mise au point. Tout d'abord, on n'ignore pas que Girard a consacré ses premiers travaux à des œuvres littéraires : c'est dans *Mensonge romantique et vérité romanesque*, paru en 1961, puis dans des articles écrits entre 1963 et 1972, repris en 1976 dans le recueil *Critiques dans un souterrain*, qu'il dégage ce qui sera la pierre d'angle de son anthropologie, à savoir le mimétisme du désir. En second lieu, et c'est la dimension prospective de sa recherche, il est permis de se demander avec lui s'il ne faut pas voir dans la littérature — non plus cette fois-ci en tant que « véhicule » de représentations imaginaires avouées ou latentes, mais dans la littérature en tant qu'imaginaire, telle que l'Occident très tôt l'aura

5

déterminée — l'un des vecteurs les plus importants, parce que empiégé dans les structures déréalisantes de l'esthétique, l'agent peut-être le plus efficace jamais mis au service des mécanismes sacrificiels. Cet aspect de la théorie girardienne n'est qu'esquissé dans des aperçus comme celui-ci : « *Toutes les grandes idées esthétiques sont* [...] *étroitement, obsessivement* imitatives. *La tradition le savait qui n'a jamais parlé d'art qu'en termes de mimesis.* » (p. 197²). En fait, et plus radicalement, c'est « *le tout du langage humain* [...] *qui doit venir du meurtre collectif, avec les autres institutions culturelles* » (p. 270²). Affirmations qui supposent acquis les différents moments de l'argumentation portant sur la rivalité mimétique, la violence collective, la sélection des victimes émissaires et la genèse du sacré.

Rien ne s'opposerait à ce que l'on inverse la démarche de Girard pour poser en préalable, comme par exemple le fait aujourd'hui Yves Bonnefoy, un constat de la forclusion du litté-raire dans l'imaginaire, de l'occultation du lieu, de la terre, dans un ailleurs qui est le rêve, et de la parole dans une langue qui est fondation violente, de la dilution enfin de la finitude dans la transcendance d'images qui s'en détournent et ne font que transmuter en un absolu, selon l'espoir qu'implique malgré tout l'écriture, mais dans son leurre aussi bien, les limitations méconnues, incomprises et non acceptées, de notre condition ici et maintenant. En d'autres termes, la littérature aurait par-tie liée avec la violence, le sang et la mort, en tant qu'elle est une décision sur le réel (*decidere* : « *couper la gorge de la vic-time* », rappelle Girard (p. 165²)³), qu'elle en consomme le sacri-fice ; le premier Bonnefoy n'écrivait-il pas dans *Douve* : « *La plus pure présence est un sang répandu* »⁴ ? Reste à voir s'il est possible de remonter de l'« incarnation » bonnefidelienne, laquelle, rappelle-t-il, ne procède pas d'une foi chrétienne, à, justement, la voix évangélique telle qu'elle est comprise par Girard, pour qui elle met fin au cycle de la violence. Ce détour par l'œuvre de Bonnefoy permet ainsi de poser le rapport du sacrificiel à la littérature non plus seulement sous l'aspect des contenus thématiques ou des schèmes structurants, bref en tant que savoir régional qui y serait inclus et dont elle témoignerait directement ou indirectement, mais comme fondement même du littéraire autant que du religieux.

En mettant conjointement au travail les concepts élaborés dans des perspectives si différentes, il ne s'agit pas de rallier la réflexion à un quelconque réalisme de la connaissance, de bannir le souci de la pensée au profit d'un éclectisme intuitionniste, pour autant qu'un tel mouvement, faisant du savoir un espace neutre, y postulerait quelque lieu central où s'effectuerait, dans l'assomption d'une vérité révélée, la réconciliation du réel et du théorique. Le rapprochement que l'on voudrait tout au moins rendre pensable, s'il ne se ramène pas à une hypostase de son objet, engage, évidemment, des motifs plus profonds que la simple congruence événementielle des deux discours dans le champ des études littéraires au moment de leur réception, en France. On ne se fera pas faute tout d'abord d'observer qu'ils interviennent tous deux activement (en 1929 pour Bakthine, en 1972 pour Girard) dans le vif de la modernité et que, simultanément, ils la mettent en crise ; qu'ils entrent tous deux, chacun à son heure, dans un débat dont la prolixité et la fortune semblent alors, de leurs points de vue respectifs, s'épuiser, soit qu'il aboutisse à des impasses, soit qu'il s'enferme dans la satisfaction de ses propres attendus, laissant dans tous les cas un résidu inassimilable (le non-dit des systèmes décrète hors système le reste de l'analyse). Dans un tel contexte, l'intervention critique adopte la stratégie de l'après-coup succédant à l'inflation conceptuelle qu'il fait taire : cette dernière a les dehors du formalisme linguistique et des diverses réductions monologiques (humaniste, psychologiste ou marxiste version *Proletkult*) à la pensée univoque pour Bakhtine, de l'ethnologie structuraliste et des réductions psychanalytiques à l'inconscient œdipien pour Girard. Tous deux, après avoir pris acte de l'insuffisance de ces cadres épistémologiques à rendre compte d'aspects déterminés de la littérature, des mythes et des rites, cherchent à promouvoir une réinterprétation qui engloberait ce que les apories antérieures avaient relégué à un rang secondaire des systèmes, quand ce n'était pas dans l'obscurité de l'indifférencié pur et simple. Les lectures « pré-bakhtiniennes » monologisaient les fictions de Dostoïevski, laissant inexpliquées un grand nombre de leurs caractéristiques, comme elles se montraient impuissantes à ressaisir le lien de cette œuvre avec la ménippée et le dialogue socratique ainsi qu'avec la littérature carnavalesque transmise par l'héritage européen. De même, les systèmes « pré-girardiens », en accordant aux mythes et aux rites des traitements différents de celui qui, sur les documents des époques historiques, contribue au déchiffrement des mécanismes sacrificiels, se condamnaient à rester aveugles à la cohérence qui, par le biais de ces derniers, se manifeste sous l'énorme diversité du corpus ethnographique.

Mais il est encore un autre élément qui plaide en faveur du dialogue : c'est que l'auteur de *La Violence et le sacré* a commencé ses investigations sur des œuvres littéraires et que l'une des plus pénétrantes concerne justement Dostoïevski[5]. En 1963, les linéaments de ce qui fera système une dizaine d'années plus tard se dessinent à peine. Mais pour qui relit l'essai à la lumière d'aujourd'hui, les motifs du désir mimétique et de la rivalité conflictuelle, ici ébauchés, nul doute à cet égard, alertent l'attention. Pour qui se relit, aussi bien, et c'est ce que fait Girard en 1976 dans la présentation de son recueil. Et comme s'il lui était difficile d'éviter plus longtemps la rencontre, d'écrire le nom de Dostoïevski sans au moins mentionner une fois celui de Bakhtine, dont l'œuvre avait été traduite dans l'intervalle, Girard esquisse le mouvement que nous attendions. Tout commence avec le rappel de la distinction entre œuvres monologiques et œuvres dialogiques répandue en France par Julia Kristeva[6] et inspirée des travaux de Bakhtine, « *notamment son ouvrage sur Dostoïevski* » :

> Il semble que cette distinction vise ce qu'il faut viser mais qu'elle ne l'atteint pas tout à fait car, de même que chez Bakhtine la notion de *carnavalesque* désigne la forme de ce qui n'a plus de forme et cette notion demeure de ce fait prisonnière du formalisme — comme le rite lui-même — la notion de *dialogique* soumet les structures à toutes sortes de misères afin de les assouplir au maximum, multiplie en leur sein les substitutions et les oscillations mais n'en reste pas moins prisonnière, en dernière analyse, du structuralisme linguistique.   (p. 21[5])

La fin de la phrase, reconduisant en somme la translinguistique bakhtinienne à la linguistique pure et dure, renvoie donc l'auteur de *La Poétique de Dostoïevski* à ce à quoi il pensait échapper. Critique négative et sans appel, mais en apparence seulement. Les deux griefs exposés par Girard semblent bien tout d'abord être ceux-là mêmes qu'il formule inlassablement à l'encontre de ses adversaires désignés, structuralistes et ethnologues. Le structuralisme enferme les textes dans le lit de Procuste du binarisme : « *Les oppositions duelles sont repérées, elles passent même au premier plan mais le structuralisme ne les conçoit que signifiantes, c'est-à-dire différenciées.* » (p. 14[5]), alors que c'est le travail d'indifférenciation signalé par le jeu des doubles qu'il conviendrait d'isoler et de décrire. Quant au rite, où sont fidèlement mimées la crise mimétique et l'indifférenciation collective, parce qu'il a été dissocié du mythe par l'ethnologie contemporaine, il est du même coup abstrait du champ culturel et religieux où opère la sacralisation de la violence (voir, par exemple, pp. 378–428[7]).

C'est donc radicalement et de manière irrémédiable, semble-

9

t-il, que la contribution de Bakhtine est versée aux profits et pertes des vieilles illusions formalistes. Or, si l'on y regarde de près, Girard ne présente pas cet apport comme non pertinent, il le trouve seulement insuffisant : « *Il semble que cette distinction vise ce qu'il faut viser mais qu'elle ne l'atteint pas tout à fait* [...]. » (p. 21⁵). Un pas de plus, et ce serait la fonction (et non plus le fonctionnement) du rite carnavalesque qui s'éclairerait, et avec elle tout le réseau signifiant du texte carnavalesque. Retournant la phrase de Girard — « *L'ethnologie des ethnologues se croit très éloignée de ma thèse, mais sur certains points elle en est proche.* » (p. 77²) —, on pourrait affirmer que Girard finit par se croire très éloigné de la thèse de Bakhtine, alors que sur certains points il en est proche. C'est à lire Bakhtine comme il ne l'a pas fait, à tenter une confrontation qu'il a éludée plus que réellement condamnée, que Girard nous invite. Sur cette voie, la tâche qui nous attend est d'explicitation.

Cet enjeu théorique, il reviendra à une lecture de l'éprouver, et celle-ci prendra effet ici sur l'œuvre fictionnelle de Julien Gracq — je précise d'emblée : sur une partie seulement de cette œuvre. Deux raisons ont pu présider et à ce choix et à cette restriction. La première est de méthode, et d'ordre extrinsèque, du moins au départ, liée comme elle est à une conjoncture (là encore) qui donnait à conjecturer : que le texte gracquien, en l'espèce les trois premiers récits (*Au château d'Argol*, *Un Beau ténébreux*, *Le Rivage des Syrtes*), ait appelé une littérature critique se réclamant ouvertement tantôt de Bakhtine, tantôt de Girard, il y avait là, du côté des commentateurs, l'indice d'une insistance, sinon d'une inquiétude, dont les motifs, inscrits à même les textes, se devaient d'être exposés, c'est-à-dire manifestés et, d'une certaine façon — eu égard à la radicalité du sens ainsi indiqué —, *forcés* ;

lequel sens l'on peut dire tenir à ce que le projet d'écriture qui fut initialement celui de Gracq emportait tout à la fois de sacrificiel et de carnavalesque, et donc, en un mot, de sacralité. Car cet indice métadiscursif, tout donne à penser qu'il fait symptôme, en ce sens très contraignant où le recours à l'une ou à l'autre de ces grilles de lecture lève dans les récits considérés des réseaux de signification, des schémas figuratifs, voire une rhétorique, une stylistique — une textualité — qui requéraient, avant même toute interprétation, leur remarque. (Où l'on peut vérifier une fois de plus que l'efficace de toute théorie est de relier — relire — ce que sa mise en œuvre aura permis de relever.) Et l'on touche alors à ce qu'il faut bien nommer le secret de ces textes, par quoi on entendra non pas l'ultime signifié, forclos dans l'indicible, le signifiant ineffable que traquent les herméneutiques, mais le travail qui, littéralement et en tous les sens, les sécrète. Que ce travail ait affaire à la langue, qu'il soit même fondamentalement décidé par un rapport à la langue, c'est là une évidence à laquelle nous rappelle constamment la démarche de Bakhtine et que Girard, surtout attentif aux grands dispositifs discursifs, aurait tendance, on l'a vu, à « sacrifier » : il y a là une tache aveugle, à laquelle on prendra garde de ne pas s'aveugler, même si, dans les limites trop étroites de cet essai, il n'a pas été possible d'entreprendre, comme il eût été souhaitable, l'analyse circonstanciée des opérateurs stylistiques que fait jouer la prose fictionnelle de Gracq. Prenant acte de ce que signalait une indéniable fortune critique, il fallait donc tenter de rassembler le matériau que les lectures d'œuvres isolées avaient mis au jour, et non tant alors le totaliser en quelque synthèse close sur elle-même que le problématiser, afin de restituer à la dynamique du trajet fictionnel pris dans son développement sa puissance questionnante. Une telle tentative suffit à légitimer le parti adopté quant à la présentation :

une approche progressive et inductive, fondée sur la chronologie d'écriture et de publication des trois premiers récits, était sans doute la mieux à même de dégager la configuration singulière sous laquelle se subsume à chaque fois le matériel narratif, en même temps qu'elle en déployait les transformations, chaque récit, à partir d'*Un Beau ténébreux*, redessinant son aire de jeu au point où s'était immobilisé le précédent, pour reformuler à neuf les termes d'une question que celui-ci avait déplacée.

Quant à la seconde raison annoncée plus haut, j'hésite à la qualifier de plus essentielle, sinon pour souligner qu'elle est, elle, véritablement intrinsèque à l'œuvre de Gracq, puisqu'elle tient à la position qu'y occupe « Le Roi Cophétua » — et l'on rappellera qu'il s'agit du dernier récit de fiction, qu'il fut écrit en 1968 et publié deux ans plus tard dans le recueil qu'il ferme, *La Presqu'île*. Je ne me livrerais pas à l'exercice périlleux non moins qu'artificiel qui consisterait à motiver par une argumentation *ad hoc* le fait que le présent essai ne prend en considération aucun des trois récits qui furent écrits entre-temps : ni « La Route », fragment d'une trentaine de pages d'un récit commencé en 1953 (il sera repris dans le recueil de 1970, qu'il ouvrira), ni *Un Balcon en forêt*, publié en 1958, ni « La Presqu'île », écrit en 1967 (et second des trois récits du volume auquel il donne son titre). À cette lacune, on pourra trouver une première justification, non négligeable, dans le souci de conférer à la démonstration son maximum d'efficacité, en la concentrant sur les tenants et aboutissants du trajet de Gracq dans la fiction ; et cette efficacité, compte tenu de l'exigence déjà signalée de maintenir aussi ouvert que possible le mouvement interprétatif, n'allait pas sans une certaine brièveté, destinée, un peu comme les raccourcis perspectifs, à accuser les reliefs. En outre, et c'est maintenant l'hypothèse que je voudrais faire valoir, si l'ensemble de la critique s'accorde à considérer *Un Balcon en forêt* comme un tournant dans l'œuvre de Gracq, il me semble que la signification de cette modulation ou de cette inflexion (on ne peut parler de brisure, jamais, dans une œuvre dont la cohérence est aussi frappante que la diversité — vieux *topos*, je le concède) ne se découvre complètement que dans « Le Roi Cophétua ». La question se posait en effet de savoir si la valeur conclusive ou épilogale dont on est enclin à créditer, quoi que l'on veuille, un texte qui marque tout de même la fin de tout un pan de l'écriture gracquienne, ne recouvrait pas, le désignant et le celant, l'encryptant selon le geste complexe d'une dé-monstration qui passerait encore, une dernière fois, par la fiction, le moment de retour ou d'anamnèse par lequel l'écriture narrative aurait mis au jour les ressorts des récits antérieurs. Car c'est un fait, amplement glosé, lui aussi, qu'après « Le Roi Cophétua » Gracq n'a plus écrit, ou à tout le moins publié, de fiction. Bien qu'il soit imprudent, aussi longtemps que tous les inédits n'auront pas été intégralement divulgués, de construire des hypothèses sur ce que j'appellerais volontiers une conversion, il y a matière aux plus stimulantes. En l'occurrence, on peut penser qu'avec « Le Roi Cophétua » Gracq aurait épuisé tous les possibles de la narration fictionnelle telle que la donne inaugurale d'*Argol*, trente ans plus tôt, l'avait jouée, et épuisé de telle sorte et si radicalement que n'étaient plus dès lors actives, dans son projet d'écriture, que les seules ressources de la prose critique, fragmentaire et auto(bio)graphique qu'il avait commencé déjà d'exploiter dans les années Quarante et Cinquante[8]. Et plutôt que d'aporie, ce dernier récit aurait-il alors valeur de refondation, c'est-à-dire de découvrement, et donc de clôture. Si c'est bien à cette hypothèse que se vérifiera, à son empan le plus large, la visée d'une lecture métissant les concepts bakhtiniens et girardiens (que déclarent sans autre les enseignes du titre), la fonction qui lui est impartie peut alors être dite *critique*[9].

II

LE MODÈLE :
STYLISATION CARNAVALESQUE
ET DÉSIR MIMÉTIQUE

RÉÉCRITURE du roman noir dans l'éclairage du Graal —
ou l'inverse —, *Au château d'Argol* oscille constamment
entre le sérieux et le parodique et les souligne par une véritable esthétique de l'outrance[10]. Les allusions à la tradition
« gothique » sont perceptibles dans l'agencement du matériau
narratif, dans les thèmes et les conventions stylistiques, mais,
hormis l'incipit (un ami du héros est présenté comme « *ama-
teur de Balzac, d'histoires de la chouannerie* ET AUSSI DE
ROMANS NOIRS » (*CA*, 15)), le récit leur refuse une caution culturelle explicite, que ne leur marchande pas l'« Avis au lecteur ». Certes, ce dernier, en reconnaissant et en assumant la
stéréotypie, semble orienter la lecture vers la parodie. Mais il
fut écrit plusieurs mois après le récit et il convient plutôt de
l'interpréter, en dépit de son ton de manifeste et quasiment
d'ultimatum, comme la première des lectures d'*Argol*, un petit
coup de force perpétré par l'auteur pour en élucider rétrospectivement le sens. L'ambiguïté du récit (l'un des plus lus de
Gracq et celui dont il se sent le plus éloigné aujourd'hui)
provient en grande partie du fait que deux tendances s'y

affrontent, rendant également possibles deux leçons. Possibilité que, dans un entretien datant de 1981, l'auteur ne désavoue pas :

J'ai commencé à 27 ans par *Au château d'Argol*, qui était un livre d'adolescent. Bien sûr, on peut le lire sur le mode parodique. Mais il n'a pas été écrit dans cet éclairage. Il a été écrit dans une sorte d'enthousiasme, qui tenait peut-être en partie à ce que je débouchais tardivement dans la fiction, sans préparation aucune, ni essai préalable. Je ne me *refusais* rien.[11]

En fait, plus encore qu'à la parodie, trop intentionnelle, c'est à une stylisation du roman noir que fait penser *Argol*[12]. Dans la parodie, selon Bakhtine, la deuxième voix qui s'installe à l'intérieur du mot d'autrui, en même temps qu'elle agresse son premier possesseur, oblige le discours à servir à des fins totalement opposées (pp. 252–4[1]). La stylisation, quant à elle, « *présuppose le style, autrement dit que l'ensemble des procédés stylistiques reproduit avait autrefois une signification directe et immédiate, exprimait une instance dernière de signification* » (pp. 247-8[1]), en l'occurrence dans *Argol* une transcendance maléfique. Dès lors que le mot d'autrui se teinte d'objectivation, comme c'est ici le cas, il devient conventionnel et bivocal — mais c'est un mot bivocal convergent, alors que dans la parodie il est divergent —, l'imitation prenant en quelque sorte l'imité au sérieux. Tout se passe alors comme si la plénitude sémantique, la force dramatique et le potentiel expressif du modèle hypotextuel n'étaient partiellement désamorcés que pour mieux exhiber la puissance de l'hypotexte en tant que modèle inéludable : la distance qu'instaure sporadiquement la narration ménage au sens une zone d'étiage sur laquelle il refluera avec toute l'intensité accumulée durant sa rétention. L'ambiguïté d'*Argol* ne résulte donc pas simplement de la compossibilité des lectures ; elle ne consacre pas l'opacité

16

d'une écriture face aux herméneutiques : la double voix et la double entente qu'elle met en place sont rendues inévitables par la nature du projet (P. MACHEREY) et par le contrat de lecture qu'il stipule (P. LEJEUNE). L'oscillation est inhérente au texte, car même, ou surtout, écrit avec enthousiasme, il manifeste à la fois la distance et la proximité au modèle, en cet instant critique où, si le sacré a déserté le quotidien, c'est comme pour mieux dominer l'histoire.

Cette problématique du modèle, nous la retrouvons inscrite, sur le plan diégétique, dans les relations entre les deux personnages masculins. Albert et Herminien sont présentés avec insistance comme les deux figures constitutives d'un couple, d'un couple de doubles construit sur l'inversion : ainsi, par rapport à Albert qu'il nomme son « *docteur Faust* » (*CA*, 42), Herminien est l'« *ange noir*[13] *de la chute* » (132-3). Toutefois, leur complémentarité ne se réduit pas à cette opposition extérieure et tranchée : tous deux forment un « *ange ténébreux et glorieux* » (46) dont les deux faces, plutôt que de renvoyer séparément à chacun, sont à ce point indissociables que l'une, à la fois ténébreuse *et* glorieuse, est, selon une « union *nécessaire* », à l'autre son double. Précisément, au terme d'« *amitié* » (44) c'est celui de « *complicité* » qui est préféré, laquelle, qualifiée plus loin d'« *aveugle* » (80), admet aussi bien l'« *hostilité* » (45, 78) que la fraternité[14]. En tout état de cause, leur union ne peut être qu'ambiguë : c'est une « *ténébreuse alliance* » (60), une « *ligue* [...] *diabolique* » (60-1) ; leur amitié ne saurait être que traîtresse et suspecte (157). Voir là, comme le fait d'emblée Jean-Paul Goux, « *une dramatisation, une représentation sous forme de personnages, du dialogisme, du dédoublement et de la division du sujet* » (p. 10[15]), c'est anticiper abusivement sur la fin, qui, irréductible à la progression narrative, est le seul lieu à partir duquel cette représentation de un en deux devient pensable.

Car jusqu'à la fin, et un recours trop empressé à Bakhtine risque de nous le masquer, c'est bien « deux en deux » la formule qui résume le mieux la nature complexe de la relation unissant l'un à l'autre Albert et Herminien : l'un est bien le contraire de l'autre, sans cesser d'accueillir en soi cet autre.

Il faut un troisième terme à la construction de ce rapport duel : c'est Heide, amenée par Herminien à Argol, et bientôt désirée par les deux hommes, par Albert comme par Herminien. On commence à saisir la signification de la thématique des doubles : Herminien, en tant que modèle, désigne à Albert l'objet du désir dont simultanément, en tant qu'obstacle, il lui barre la route[16]. Dans la mesure où Heide provoque entre eux une crise, il est juste de rapporter sa fonction à celle que remplit l'anacrèse dans la ménippée : elle crée une situation exceptionnelle dans laquelle chacun, mis à l'épreuve, doit se déclarer sous peine de perdre son être propre (p. 14[15], pp. 156, 160-1[1]). Juste, en ce sens, de rattacher la littérature à la quête à laquelle ressortit *Argol* à toute une tradition ménippéenne, en tant qu'elle fait porter l'accent sur le parcours, sur l'épreuve, sur la confrontation, et qu'elle nie par là « *l'autarcie, l'achèvement, le monisme d'un sujet plein* » (p. 14[15], p. 163[1]) ; de considérer en conséquence les chapitres comme autant de mises à l'épreuve (p. 14[15]) ; de relever le thème récurrent de la représentation théâtrale dans la description des relations interpersonnelles (p. 24[15]) et de signaler aussitôt la transformation opérée par Heide « *de la scène théâtrale en espace carnavalesque* » (p. 26[15]), selon le schéma suivant : scène vide — vacuité — attente — seuil — interdit et sa transgression — scène carnavalesque. L'attente, modalité essentielle du temps gracquien, on l'a assez dit, doit être considérée comme une variante du temps de la crise décrit par Bakhtine, temps discontinu, brisé, culminant dans des « scènes », alors que la narration biographique se coule dans une durée continue et au débit régulier (p. 28[15], p. 201[1]). Et la topographie d'Argol offre bien un équivalent spatial à cette perception totalisante, syncrétique, de l'instant : en dépit de sa massivité, de son isolement et de l'encerclement de la forêt qui auraient pu en faire la réplique de quelque forteresse sadienne, le manoir s'ouvre encore suffisamment pour laisser pénétrer la lumière et presque les arbres dans des pièces mieux faites pour le passage que pour l'habitation[17] ; mieux encore, une « *aile, bâtie dans le goût italien* » (*CA*, 24), contrastant avec le corps de bâtiment principal, se dresse, avec ses « *élégants frontons triangulaires* », ses « *balustres de pierre blanche* », ses « *nobles fenêtres* », pour rien d'autre qu'un aimable théâtre planté en plein air dont la présence de Heide aura pour effet — sur la « *scène héroïque* » (43), aussi bien, où Herminien entraîne ses victimes complaisantes avant de leur porter le coup de grâce — de dissoudre la rampe et de rendre vaine la partition entre acteurs et spectateurs, tous devenant des participants actifs (pp. 169-70[1]).

Dans le processus d'annexion du sujet par l'Autre, d'Albert par Herminien, Heide servant d'appât, la promotion d'un espace carnavalesque va constituer la première étape, celle de l'ouverture du conflit, de l'affrontement entre les deux frères ennemis. L'étape suivante est marquée par le déchaînement de la rivalité mimétique : Heide, déflorée par Albert (*CA*, 74-6), puis violée par Herminien (126), mais à chaque fois aliénée par le désir objectal, est enfin rejointe par Albert. Le couple qu'ils forment, fondé sur une fusion angélique (135) et donc incomplète, s'oppose à l'union maudite, également incomplète, contractée par Heide auprès d'Herminien (133) : la femme est le seul lien entre les deux rivaux ; l'objet du désir, le point d'articulation entre deux relations affectées de valeurs symétriquement inverses. Troisième et dernière étape : Albert accomplit son désir, mais

19

selon l'Autre ; en imitant le désir de l'Autre, il s'éprouve comme dédoublé. Son identité éclate au moment où culmine la *« fabuleuse royauté »* (181) d'Herminien : fasciné par le modèle-obstacle, le sujet se détourne définitivement de l'objet désiré.

Albert annexé, le rôle de Heide est terminé et, nous dit Goux, elle peut donc disparaître (p. 42[15])[18]. La disparition de Heide signifie la fin du processus d'annexion que dominait la *mimesis* d'appropriation : il n'y a plus d'autre terrain d'application pour la *mimesis* que les antagonistes eux-mêmes (p. 41[16]). La mort de Heide est présentée par le récit comme un suicide (*CA*, 177), mais sur les moments qui le précèdent pèse une ellipse narrative : blanc du texte, vacance de la représentation, comme si défiait toute possibilité de la parole, était imprononçable ce qui, ne serait-ce qu'en raison de sa contiguïté temporelle avec lui, va entraîner le geste de Heide. Remontons la chaîne diégétique : la dernière information délivrée avant l'ellipse montre Albert manipulant le panneau secret du labyrinthe qui conduit à la chambre de Heide — péripétie qui pourra se lire aussi comme la métaphore d'une pénétration (le *« souterrain, complice de quelque amour secrète et criminelle »* (171), est humide, tapissé d'« *efflorescences blanchâtres* » et de *« longues toiles d'araignées »*) ; apercevant *« réfléchie dans un haut miroir de cristal, sa propre et énigmatique image »* (174), il brise le miroir et avec lui son double (175). Si la mort de Heide (sa disparition textuelle) est la conséquence de l'accession d'Albert à son désir, laquelle est fondamentalement irreprésentable puisqu'elle va de pair avec la perte du sujet, la conséquence du geste autodestructeur d'Albert apparaît un peu plus loin avec le meurtre d'Herminien (182) : Albert ne peut tuer Herminien, son double extérieur, que parce qu'il a éliminé son double intérieur. L'ambiguïté de la fin, relevée par Goux après d'autres commentateurs, est radicalement insoluble (p. 42[15]). Toute assignation réaliste à un sens univoque (du type : c'est Albert qui tue Herminien) est rendue vaine par la manière dont le texte indifférencie les identités, par l'impossibilité faite à la lecture de reconduire les morphèmes anaphoriques (*lui, ses*) à un référé textuel et à un représenté situationnel repérables. Aporie qui achève de dissoudre le Je dans l'Autre : l'Autre qu'il est à lui-même (dédoublement interne) aliène le sujet à l'Autre (dédoublement externe). Au suicide de Heide, c'est bien une forme perverse de suicide qui répond, perverse car irrémédiablement compromise par le mimétisme : le reflet d'Herminien en Albert se tue dans le double d'Albert, Herminien.

Trois scènes capitales ponctuent les étapes de ce processus implacablement logique dont la double mise à mort (symbolique et effective) du double est l'issue. Elles vont nous permettre de pénétrer plus avant les structures qui y jouent : il s'agit de l'épisode du bain, du récit du rêve d'Albert et de la description des gravures qu'Albert découvre dans la chambre d'Herminien. L'épisode du bain est, en son début surtout, révélateur d'une « vision carnavalesque du monde » : « *Ils se dévêtirent parmi les tombes.* » (*CA*, 88). Caractéristiques cette coupure avec la légalité quotidienne du vêtement, cette profanation que constitue la contiguïté de la nudité avec un lieu sacré, cette subversion des frontières entre la vie et la mort. Et c'est d'ailleurs une constante interversion des personnages entre eux, un perpétuel renversement des rôles qu'instaure cette rencontre. Dans une séquence antérieure, Albert et Herminien formaient un double réflecteur dont Heide était le « *foyer* » (62) : le triangle fondait la circularité infinie du reflet dont le pressentiment animait la relation entre Albert et Herminien (46). C'est cette conjonction que porte à son plus haut degré d'intensité la scène du bain : « [...] *ils reconnaissaient chacun sur le visage des autres les signes indubitables, le reflet de leur conviction [...].* » (92). La réflexion triangulaire fait des trois individualités une entité homogène, elle les fond en un « *corps unique et plus vaste* » (93). Dès lors, chacun étant les deux autres à la fois, le reflet circulant de l'un à l'autre, tous trois opposent au réel la commune substance d'un seul corps : le reflet s'intériorise dans ce corps réflecteur ; la trinité, effet de la réflexion, se fait à son tour réflectrice :

Et il leur sembla que la mort dût les atteindre non pas quand les abîmes ondulant sous eux réclameraient leur proie, mais quand les lentilles de leurs regards braqués — plus féroces que les miroirs d'Archimède — les consumeraient dans la convergence d'une dévorante communion. (*CA*, 93)

La « *dévorante communion* » modalise l'image rêvée d'une vie à trois. Il n'y a plus un seul foyer, l'objet focal du désir dédoublé, mais trois, c'est-à-dire en fin de compte un seul, sur lequel ce ne sont pas deux désirs rivaux qui s'affrontent, mais trois qui convergent et fusionnent en un. L'objet désiré se démultiplie dans la réciprocité des regards désirants : chacun est pour les deux autres sujet et objet du désir.

Cependant, une fois quittés l'espace rituel, l'*époché* carnavalesque qui en ont autorisé la fiction, la trinité autosuffisante ne peut manquer de se déchirer sous l'effet des rivalités mimétiques, dont la résurgence oppose à nouveau, mais sous une forme plus brutale, le sujet et le modèle-obstacle. Ce moment carnavalesque où les relations interpersonnelles perdent de leur consistance, où les identités se défont dans le tourbillonnement des masques et où les différences s'annulent en s'emballant, n'est pas autre chose que le rappel rituel, mimétique, de l'indifférenciation dans laquelle, lorsque les relations interdividuelles[19] se précipitent selon une série de réactions en chaîne, la crise mimétique a plongé la communauté, ou le groupe des amants rivaux et de la femme désirée, et dont seule la violence sacrificielle, exercée sur la victime innocente ou bien, symboliquement ou non, sur le tiers, peut la (ou le) faire sortir pour restaurer ces différences fondatrices de la culture comme elles le sont du sujet. Tout se passe donc comme si, par le relais sexuel de la relation triangulaire, le rite carnavalisé mimait sur un registre mi-ludique (la baignade, laquelle n'est pas sans rappeler par ailleurs les rites lustraux d'initiation) mi-tragique (la menace de la mort par noyade), dans le temps circonscrit de la fête, entre terre, ciel et mer, la violence collective et l'indifférenciation qui l'accompagne, violence et indifférenciation que le geste sacrificiel a précisément pour but de forclore en établissant le consensus de la communauté au détriment de la victime émissaire.

Communion ambivalente, on le voit, où, à la faveur du rite, sont indissolublement liées, comme chez Bataille, les deux faces de la confusion mimétique, la face positive où s'exaltent des reviviscences mystiques teintées d'érotisme et la face négative qui abîme le désir dans la mort. Les connotations trinitaires de la communion cernent l'instant limite, le seuil temporel, où le désir a contaminé tous les participants et où l'exclusion est différée : infime moment que distend le rite, à l'égal de tout cérémonial, théâtre ou tableau vivant (Bataille encore, Klossowski...). Mais simultanément l'intensification de la réciprocité, en absorbant les différences, laisse transparaître le dénouement prochain, lequel est inscrit depuis toujours dans la structure du rite et de ce qu'il représente. L'instauration d'une relation totale, plénière, la communion donc, signifie aussi, signifie nécessairement la perte de la différence et la consumation du sujet. Ainsi, par rapport à l'indifférenciation, rêvée ou ressouvenue comme Âge d'or, aube du monde, « *matin de la création* » (*CA*, 88), et anticipée, prévenue comme fin apocalyptique, effondrement de toutes les différences signi-

23

ficatives, le rite de la baignade semble jouer sur un suspens de la logique du désir mimétique et de la résolution sacrificielle, dans l'intervalle d'un déjà-plus et d'un pas-encore : à la fois tout est encore permis et tout est déjà joué. Il feint de desserrer un nœud qu'il ne fait que resserrer plus étroitement. En effet, « *le devenir de moins en moins violent des rites* » n'indique qu'une tendance statistique (p. 33[16]), car la *mimesis* rituelle n'est jamais innocente : le risque de la violence véritable n'est jamais définitivement écarté, en vertu du compromis que « *la conception religieuse de la mimesis* » fait peser sur « *toute distinction entre l'original et la copie* » (p. 36[16]). En d'autres termes, le rite réactive l'indifférenciation qu'il mime, projette comme issue ce qu'il postule en tant qu'origine ; mais à l'origine revécue sur le mode d'une fusion mystique, ce qui répond à l'autre bout, c'est l'exclusion sacrificielle. À vouloir faire l'ange, le trio fait la bête. Dès ce moment, la suite est prévisible : Albert et Herminien n'auront de cesse de revivre chacun séparément avec Heide ce qui, pour avoir été pressenti, désiré et rejeté dans l'éclairage d'une mort collective, ne peut être à nouveau approché que dans l'imminence d'un sacrifice individuel qui, lui, sera inévitable : le viol de Heide par Herminien, puis la chute de celui-ci en constituent les préfigurations.

C'est durant la convalescence d'Herminien que se place le rêve d'Albert (*CA*, 149–54). La localisation de l'épisode (Albert s'est endormi sur le seuil de la chambre d'Herminien) et le thème des derniers instants de la conscience (du rêveur, mais aussi du rêvé) sont liés en un ensemble homogène « *dont le caractère carnavalesque* [écrit Goux] *fait presque figure d'avertissement* » (p. 42[15]). Le contenu du rêve lui-même est profondément imprégné de l'esprit carnavalesque : les traits dominants en sont la mésalliance parodique, le contact libre et familier, le dialogisme des voix, l'état limite de la conscience (p. 43[15]). Mais il y a plus : ce qu'il représente, c'est l'exécution publique d'un Herminien condamné à mort pour un motif qui n'est pas révélé. Or, jusqu'à preuve du contraire, l'innocence de la victime est proportionnelle à l'atrocité du supplice ainsi d'ailleurs qu'à l'émotion de la foule. Cette dernière, envahissant des rues et une place habituellement désertes, offre l'image composite des grands rassemblements festifs et de la communion religieuse : elle prie avec ferveur pour l'âme du condamné, mais c'est la « *ferveur du plus délirant abandon* » (*CA*, 150). Le supplice, quant à lui, pervertit les objets les plus inoffensifs, les plus dérisoirement quotidiens : il a lieu dans une salle de classe et l'instrument de la mort est constitué par « *deux longues barres de bois* se mouvant librement *dans l'espace* » (152). Au demeurant, le rêve est surtout révélateur en ce qu'il condense en une durée continue des éléments appartenant à des périodes différentes de la vie du sujet : au début, il « *s'orient*[*e*] *très vite vers l'époque lointaine* » (150) des promenades nocturnes en compagnie d'Herminien, époque où aucun objet de désir ne venait fissurer la fraternité des doubles, antériorité mythique sur laquelle ouvre de temps à autre le récit — comme si le désir, de se reclore sur une gémellité parfaite, évoluait encore dans les limbes d'une sexualité prégénitale. Cet objet qui fait advenir la schize apparaît à la fin du rêve, c'est Heide, et ce n'est pas un hasard si elle est alors placée aux côtés d'Albert : la « *nageante pureté originelle* » (135) qui, après le viol, consacra un moment leur union se mue en une complicité scellée par le sang de l'Autre. C'est dire que le rêve récapitule et annonce : il couronne l'union d'Albert et de Heide, et parce que cette union, à terme, se fonde sur l'exclusion du tiers, il anticipe celle-ci. Conformément à la plus pure tradition ménipéenne, le rêve n'est pas tant une prophétie qu'une manifestation des contenus latents de la réalité (p. 163[1]).

« *Par un froid matin de novembre, Albert pénétra dans la chambre que venait de quitter Herminien.* » (*CA*, 158). L'avant-dernier chapitre, intitulé « La chambre », relate une intrusion et une découverte. Venu chercher le dernier mot du secret d'Herminien, Albert attend des objets familiers qu'ils le lui livrent : son attention, momentanément retenue par un paquet de gravures et d'estampes où le chiffre du secret s'enfouit dans quelques apparences confuses, glisse, à la suite d'une réminiscence de l'épisode de la chapelle, et s'arrête sur une gravure représentant les souffrances du roi Amfortas. L'image fait l'objet d'une description minutieuse : la facture, le décor, les personnages, ainsi que les différentes significations émanant de la mise en scène de leurs rapports, rien n'est omis ou laissé au hasard. Deux lectures se succèdent. Dans la première, le décor est centré sur Parsifal et Amfortas ; les chevaliers, Kundry et Gurnemanz font cercle autour d'eux. Parsifal est le « donateur » spirituel d'Amfortas ; la « *lance mystique* » (162) établit entre eux un double trait d'union, matériel et symbolique. Dans la seconde lecture, la scène n'est plus appréhendée en termes de spatialité pure ; les rapports entre les personnages ne sont plus définis par leurs situations respectives, mais en fonction d'une hiérarchie spirituelle. Cette seconde lecture exclut les comparses pour ne retenir que ceux qui forment le « *couple pathétique* » (163) : d'une part, une personne, Parsifal, le « *divin sauveur* », d'autre part non pas Amfortas, mais le sang qui coule de sa « *blessure secrète* » et dont la vile matière se confond avec le sang sacré, qu'elle profane, contenu dans le Graal. On sait que la « *blessure secrète* », dans la version du cycle médiéval à laquelle Gracq s'est arrêté pour écrire, dix ans plus tard, *Le Roi pêcheur*[20], suppure de la souillure contractée par le roi méhaigné auprès de sa servante Kundry. Ce « *stigmate* » (le mot est employé à propos de Heide (132)) n'est pas sans réveiller le souvenir d'une autre blessure, celle, « *hideuse* [...] *noire et sanguino-lente* » (149), qui entame le flanc d'Herminien. De là, et de quelques autres indices encore, à conclure qu'Amfortas repré-sente Herminien et Parsifal Albert, il n'y a qu'un pas, et c'est celui que franchissent la plupart des commentateurs de Gracq. Ce n'est pas l'équation en son principe qui est contestable, mais la forme définitive qu'on lui donne. Il est certain que la description de la gravure fonctionne comme une mise « en abyme » de la diégèse, et s'il n'est pas faux, en un certain sens, d'affirmer qu'elle renverse les relations entre les personnages décrites dans le cadre de l'histoire, que la mise « en abyme » et le récit premier sont l'inverse l'un de l'autre, c'est à la condition d'ajouter aussitôt que le schéma actantiel de l'une comme de l'autre est non pas duel, mais triangulaire, incluant d'une part Kundry et de l'autre Heide, et que l'inversion, loin de se résoudre dans un simple renversement (Albert en Parsi-fal humilié, Herminien en roi déchu régnant sur Albert), pro-lifère par séries réversibles, chaque personnage de l'histoire occupant successivement les différents pôles définis par la légende, de telle manière que les oppositions ne sont jamais arrêtées, que les différences ne cristallisent pas dans un sys-tème statique, en d'autres termes que le triangle hypotextuel ne mord pas sur le triangle hypertextuel.

Sans recourir au fameux « Avis au lecteur » (*CA*, 7–11), dont on peut penser au demeurant qu'il tend plutôt à brouiller les pistes, à effacer certaines traces du livre et à marquer trop ostensiblement certaines autres, une étude approfondie du récit montrerait que toute tentative de réduction univoque de la relation diégétique à la relation métadiégétique[21] se condamne tôt ou tard à l'impasse. Le triangle du Graal constitue un modèle que le récit module, varie, infléchit sans cesse en le sty-lisant dans les stéréotypes narratifs, les clichés stylistiques et les lieux communs idéologiques du roman noir. Le seul, jusqu'ici,

27

à avoir perçu le caractère essentiellement mobile et fluctuant de ces corrélations est Pierre Pruvot. L'identification Heide/ Kundry, Herminien/Amfortas, Albert/Parsifal n'est pas la seule possible; il n'en propose pas moins de cinq autres[22] :

1) avant l'histoire : Albert (Am.) a subi la séduction d'Herminien (K.), alors que Heide (P.) doit venir;

2) le soir de son arrivée, Heide (K.) force Albert (Am.) à prendre un baiser;

3) Herminien (K.) exerce par force sa séduction sur Heide (Am.) qui trouvera en Albert (P.) un salut provisoire;

4) Albert (K.) le lui offre en la soignant (Am.);

5) Herminien (Am.), retrouvé blessé, est guetté par Albert (K.), tandis que Heide fuit obstinément.

Il est permis de nuancer, voire de compléter ces cinq correspondances : ainsi, au moment où Albert (P.) s'introduit clandestinement dans la chambre d'Herminien convalescent (Am.), Heide (K.), violée (souillée) par Herminien, puis soignée (purifiée) par Albert, trahit l'ambiguïté du personnage de Kundry telle qu'elle ressort du drame sacré de Wagner. Peu importe le nombre exact des correspondances; ce qui doit être acquis, c'est le principe de leur instabilité, de leur constant remaniement au sein des systèmes relationnels successivement ébauchés par le texte. En somme, il apparaît que l'erreur de la critique gracquienne dans sa majorité est d'avoir adopté comme la seule pertinente pour tout le récit la position d'Albert au sein du triangle actantiel au moment où il découvre la gravure, d'avoir rabattu la corrélation qui s'impose à cette étape de la série narrative sur toutes celles qui la précèdent et la suivent, d'avoir indûment privilégié une séquence au détriment des autres. Tentation, fréquente ici comme ailleurs, de dissoudre la temporalité brisée, discontinue, de la crise dans une durée conséquente, de réduire le polyvoque à l'univoque, de comprendre le dialogique dans une perspective monologique, de retotaliser la diversité, l'obliquité du texte, quand tout son travail consiste à réversibiliser les relations interpersonnelles.

Là ne s'épuise pas la portée de la gravure : ce n'est pas seulement la forme, le mimétisme affolé de la « mauvaise » réciprocité qu'elle désigne, c'est aussi la substance dans laquelle elle baigne. Si la forme est celle du cycle incessant au cours duquel chacun occupe successivement toutes les positions du triangle, ce cycle est tel, et inépuisable, d'être celui du *sang* : sang de Heide, qui coule dans la déchirure de la jouissance (*CA*, 74–6), puis de la blessure (100-1, 131-2), animé, dynamique (il jaillit, il fuse); sang d'Herminien, noir, corrompu, pourri (il se dégrade en *sanguinolent* (149)); mais aussi, en deçà de toute extraversion, sang de la vie battant dans les artères (18, 74), le cœur (102, 138, 149) et sous les paupières (75, 93, 130, 131). Ce sont tous ces flux sanguins que canalise et recueille le Graal en même temps qu'il leur affecte ce haut pouvoir de symbolisation grâce auquel, loin de se figer, ils gagnent une énergie plus intense de circulation. Ils émanent de et ils refluent vers le réceptable du sacrifice par excellence, cœur sacré dont le mouvement de pompe, diastole et systole, signifie à travers l'histoire la perpétuation de la violence[23].

La visée d'explicitation conférée, selon Girard, par les Évangiles à la crucifixion, par quoi enfin un terme serait mis aux religions fondées sur le sacrifice, est ici radicalement méconnue. Il est clair que :

[...] le chevalier naïf et fidèle n'espérait point au terme de sa longue quête, dont la poussière qui ternissait sa cuirasse attestait les douloureuses et incertaines vicissitudes, avoir enfin trouvé le pouvoir de clore les révolutions augustes du Saint-Sang, qui se déroulaient dans leur féroce mystère au sein d'un univers situé à tout jamais hors de ses atteintes, mais seulement lui consacrer le témoignage d'une vie qui devait pour toujours porter sa marque de hasard avec une cruelle et provocante gratuité. (*CA*, 163-4)

Dans le type de représentation illustré par *Argol*, on ne pouvait espérer analyse à la fois plus lucide et plus complète. Tout est dit : le sang et la violence dont il est issu sont sacralisés — ou suggéré : émergeant de la multiplicité non dénombrée où les effets mimétiques se déchaînent, puis extraits des processus victimaires dont ils marquent le dénouement, ce sang, cette violence sont portés au degré de consistance d'un signifiant suprême subsumant même le hasard (p. 141[16]). De la nature de ce dieu qui divise et réconcilie, il n'est même plus fait mystère. Ses traits sont noyés dans le sang, ce signe tout ensemble charnel et spirituel qui dit l'immanence de la vie, l'imminence de la mort et la transcendance des symboles. Isolé dans sa sphère, il n'entretient avec la terre qu'un rapport univoque : la seule parole, le seul acte à lui parvenir sont d'un *témoignage*, d'un martyre donc, où se réaffirme et se raffermit toujours plus sa suprématie. Divinité formée du sacrifice exemplaire, il assume exemplairement et reconduit dans leurs fonctions les théologies les plus sanguinaires, celles pour lesquelles la dette inextinguible doit être acquittée de toujours plus de sang. Signifiant suprême, oui, le sang, dont la signification se résorbe dans un mouvement de *différance*, barre *se mouvant librement* dans l'espace de toute structure, principe inassignable des relations interdividuelles : il est la force qui maintient et dynamise le triangle actantiel, qui assure une marge de jeu aux différences et qui fonde la prolifération des figures ; mais cette prolifération est cyclique, ces différences s'abîment dans les effets mimétiques et ce triangle se bloque sur un point unique, le signifiant transcendantal, qui retotalise la dissémination du sens qu'entretenait illusoirement la représentation carnavalesque. C'est sous ce signe qu'opère la riva-

30

lité conflictuelle des deux frères ennemis autour de Heide. Et c'est sa résurgence qui nous permet de mieux comprendre l'ambiguïté d'*Au château d'Argol*. À se refermer sur soi (ou sur quelque image gémellaire), le désir risque de manquer l'Autre et de se manquer comme image spéculaire de l'Autre : clôture monologique où se perpétue une plénitude narcissique. Mais à se moduler sur le désir de l'Autre, ce désir risque la perte du sujet en même temps que celle de l'objet, risque de se manquer et de manquer ce qui lui a manqué : ouverture dialogique où se consomme la rivalité des doubles. Le deuxième terme de ce dilemme se formule à nouveau dans une ambivalence : jusqu'où ne pas aller trop loin avec l'Autre — recoupant les périlleuses ambiguïtés du récit stylisé, où il arrive que l'imitation prenne l'imité au sérieux.

III

LE SUJET :

LE BOUFFON ET LE PHARMAKOS

L E récit suivant nous fait passer de la communauté restreinte à une collectivité groupusculaire. Les relations interpersonnelles se complexifient en même temps que la narration multiplie ses instances (le « journal » de Gérard est encadré d'un incipit et d'un long épilogue assumés par un narrateur anonyme). Le désir passe par une pluralité de figures : Christel et Dolorès sont tour à tour ou simultanément désirées par Gérard et Allan, de même que, sur un plan dégradé, Irène l'est par Jacques et Henri, Jacques qui a commencé par se poser en rival de Gérard auprès de Christel. Ces chassés-croisés de couples et de doubles sont favorisés par les divers masques dont les participants se parent et dont Gérard, herméneute déchu de la scène carnavalesque, s'essaie à déchiffrer les significations. De tous les récits de Gracq, *Un Beau ténébreux* est en effet celui qui pousse le plus loin dans la voie de la carnavalisation littéraire. Et simultanément, comme l'a bien vu Ruth Amossy, le schéma de la victime émissaire ne cesse pas d'y être lisible en toute clarté : après avoir noté que le pouvoir d'Allan d'ouvrir le quotidien au sacré résulte de l'anticipation de son sacrifice, elle conclut : « *Allan n'est ainsi couronné Empereur et Christ carnavalesque que dans la mesure où il détient le pouvoir de dévoiler, par la représentation virtuelle de sa mise à mort, la fascination primordiale, "sacrée" de la violence.* » (p. 92[24]).

De fait, le récit inscrit Allan dans deux lignées, celle des victimes émissaires et celle des rois de carnaval. Les nombreux signes qui le distinguent et le différencient, sa beauté, sa richesse, ses succès féminins, ses nombreux talents, deviennent autant de critères de sélection victimaire[25]; comme l'écrit Gregory à Gérard, c'est « *un être* marqué » (*BT*, 64). En même temps, les apories promises à toutes les déterminations par quoi la signification de son comportement pourrait « prendre » (comme Empereur, Poète, Christ ou Diable, Amant de Montmorency...) le vouent à une incessante remise en cause de ses pouvoirs, à une succession d'intronisations et de détronisations[26] : comme personnage carnavalesque, mais aussi en tant que victime sacralisée, Allan connaît également l'enthousiasme des sectateurs (Christel) et les imprécations des détracteurs (Irène) — quand ce ne sont pas les deux à la fois. Car l'ambivalence caractérise non seulement le rite carnavalesque (la détronisation est comprise dans l'intronisation), mais aussi le système producteur du sacré (le dieu sauveur est la victime sacrificielle) et la structure mimétique du désir (le modèle-obstacle). Un exemple : la contagion mimétique de la violence que la présence d'Allan provoque dans le petit cercle des estivants se module en un oxymoron carnavalesque typique : parlant de sa mort, le beau ténébreux n'avoue-t-il pas qu'elle « *émeut, éveille la* MORT *encore endormie au fond des autres comme un* ENFANT *dans le ventre d'une femme* » (215)? Bref, la carnavalisation des *topoï* sacrificiels paraît compromettre irréversiblement la sacralisation de la victime émissaire.

Le sens qu'Allan cherche à donner à sa mort, et c'est bien la raison pour laquelle il diffère son geste, serait donc à conquérir sur la dérision qui le mine. Ce sens, il le formule sans ambiguïté au terme de son ultime entretien avec Christel : « *La main qui fait la blessure peut aussi la fermer* » (*BT*, 217), citant presque littéralement la formule de Hegel qui figurait en bonne place dans les réflexions d'Albert : « La main qui inflige la blessure est aussi celle qui la guérit. » (*CA*, 40). Reprise *presque* littérale, car entre les deux textes quelque chose s'est perdu (peut-être dans la guerre), qui assurait auparavant le sens dans une métaphysique ; une certitude s'est ébranlée que trahit maintenant l'emploi d'un auxiliaire indiquant l'éventualité. C'est que, naguère, le sens était autonome et transcendant, ancré dans les révolutions du sang, dont le cycle, voire la tautologie (« *Rédemption au Rédempteur* » (164) affirme une inscription au coin de la gravure), coupés de toute incarnation, supposaient un « *univers situé à tout jamais hors* [*d'*]*atteintes* ». Du moment où le sens s'aventure dans une chair[27], il s'expose à la dérision ; mieux, il la provoque, il la recherche : de même que le Christ, intronisé roi des Juifs et bafoué par la foule, Allan doit connaître les « *douloureuses et incertaines vicissitudes* » de toute existence privée d'espoir. De quel espoir s'agit-il ? De rien moins que la certitude que la « *main qui fait la blessure peut aussi la fermer* », d'être, ayant divisé, celui qui rassemble : celui qui plonge la communauté dans la crise, celui qui est tenu unanimement pour responsable de la violence collective est aussi celui qui par son sacrifice, en catalysant le désordre diffus dans le corps social, sauve ce dernier. Le geste sacrificateur réclame bien une foi, ou plutôt une méconnaissance : meurtre ou suicide, la mise à mort, pour être productrice de sens, requiert que tous les doutes quant à l'efficacité du dénouement soient levés. Et c'est parce qu'il refuse orgueilleusement « *toute caution divine* » (p. 94[24]) à son acte qu'Allan éprouvera les doutes de celui qui est mort sur la croix sans reprendre à son compte le message d'espoir du christianisme : son projet reste prisonnier d'une lecture sacrificielle de la Passion.

Meurtre ou suicide? À vrai dire, rien ne ressemble plus à un meurtre que ce suicide. Allan est allé trop loin dans la représentation du pouvoir qu'il détenait de l'imminence de son acte pour se rétracter sans décevoir une attente : « [...] *si je vais mourir ce soir, c'est un peu, c'est beaucoup parce que tout le monde conspire à ma mort, m'expulse, me chasse vers une* sortie *héroïque.* » (*BT*, 216), à l'instar d'un comédien dont on attend qu'il réponde jusqu'au bout à l'essence de son rôle. Toute son autorité, sa souveraineté, lui fut accordée sur le crédit de sa mort, l'assurance qu'il était solvable et paierait de sa vie (« *Il faut* payer. » (160)). Bien sûr, il a lui-même fixé son destin (« *Oui, quand je suis venu ici avec Dolorès, je me croyais libre, appuyé à elle par ma seule volonté.* » (216)), mais, comme le souligne Jacqueline Chénieux, le groupe rend son projet irréversible, lui coupe toute retraite pour se faire indirectement son bourreau, et cela de manière aveugle, parce que la méconnaissance est essentielle au processus[28]. Les participants sont immergés dans la représentation sacrificielle, impliqués dans la vision persécutrice, dont Allan, en ouvrant la blessure, a dévoilé le mécanisme pour exhiber « *dans son rôle de bouffon et de* pharmakos *le fondement de sa royauté* » (p. 94[24]). Or, dans une perspective intégralement carnavalesque, ce dévoilement conduirait à une détronisation de plus, au renversement du roi-*pharmakos*, et, loin d'aboutir à une mise à mort effective, déboucherait sur sa parodie ; plus exactement, le mouvement perpétuel de l'in-détronisation ne valoriserait ni la vie (et le pouvoir) du roi ni la mort (et la faiblesse) de la victime ; mais le passage incessant de l'une dans l'autre, la coprésence de l'une et de l'autre[29]. Tel n'est pas le cas ici : le carnaval tourne mal, le rite festif en vient à rejouer tragiquement son origine sacrificielle. La mort d'Allan, que le récit ne représente pas en la présentant *in fine* sur le point de s'accomplir, fait de lui un dieu : s'il rejette la caution divine, n'est-ce-pas pour la raison qu'il assume dans son destin de victime la divinité d'un sauveur? Sans doute, il a mis au jour les fondements de sa royauté, il a dévoilé le mécanisme producteur du sacré, mais ce dévoilement est lisible uniquement dans la distorsion parabolique qui permet de comprendre le sacrifice selon l'ancien mode de représentation[30]. « *Dès lors* [écrit Amossy] *se fait jour l'irréductible ambiguïté de la mort d'Allan, comme de toute son entreprise. Catharsis et fausse purification, arrêt du scandale et sa perpétuation, terme imposé à la violence et éveil à tout jamais de celle-ci — tel est le double effet d'une singulière aventure christique.* » (p. 95[24]).

Quel sens donner à la mort d'Allan? Car il semble évident que l'ambiguïté finale d'*Un Beau ténébreux* n'est pas du même ordre que celle d'*Argol*. Ici elle paraît résulter d'une contradiction entre deux systèmes de représentation — celui, carnavalesque, qui peut célébrer la résurrection après la mort, un fois désamorcé le processus victimaire, et celui, sacrificiel, qui fige le sauveur dans une transcendance sacrée — dont nous avons vu que s'ils pouvaient se croiser sur bien des points, ils n'en demeurent pas moins radicalement incompatibles quant à leurs issues respectives : si le carnaval répète les différents moments de la séquence sacrificielle — indifférenciation de la foule, intronisation d'un roi choisi selon des critères pseudo-victimaires —, c'est pour s'ouvrir sur une détronisation qu'il dépasse aussitôt et qui est plus que l'image renversée du sacrifice : celui-ci sacralise la victime dont il forme un dieu, celui-là détrône le roi bouffon dont il souligne à la fois la dignité et l'infamie. Dans un cas, le processus est analytique et successif : il décrit la transformation univoque et irréversible de la victime terrestre en sauveur supraterrestre ; dans l'autre, le processus est syncrétique et simultané : il tient embrassés les deux termes de la chaîne et décrit leur transformation réciproque, dont c'est le mouvement même qui est porteur de signification, court-circuitant ainsi toute sacralisation. Là où le sacrifice cristallise en une transcendance, l'in-détronisation fluidifie les relations interpersonnelles : le premier sanctionne la séparation entre profane et sacré qu'il a fondée, la seconde joue cette séparation et la subvertit.

Ce que marque la fin d'*Un Beau ténébreux*, c'est bien l'oscillation entre ces deux systèmes. Le dernier masque d'Allan, c'est celui de l'homme qui n'en a pas, ou qui n'en a pas d'autre que celui qu'on lui donnera. Autrement dit, sa mort est révélatrice dans l'exacte mesure où l'est celle du modèle qui l'attire et qu'il rejette — ou bien elle proclame la fin de toute violence et avec elle la péremption des religions, ou bien elle le fait dieu en perpétuant le mécanisme sacrificiel. La contradiction ne fait qu'accuser une oscillation que la réécriture stylisée du roman noir dans *Argol* indiquait à sa manière. L'ambiguïté est toujours inhérente au texte, mais cette fois tout autant qu'aux perspectives des narrateurs elle incombe au projet d'Allan et au personnage christique dont le « mot » est stylisé : la signification immédiate de ce dernier disposait de tout le poids d'une parole performative ; depuis, l'imitation du Christ, on le sait, n'échoit plus qu'aux martyrs ou aux fous. Indécidabilité plus qu'alternative, car être martyr peut être un rêve de fou ; et donner un sens christique à la mort, la dernière illusion d'un insensé. C'est donc également en fonction du problème de la démence que ce récit, sur lequel planent tant de grandes ombres du XIXᵉ siècle, doit être considéré : du fou, le *pharmakos* et le roi de carnaval sont les deux figures tutélaires et irrémédiablement compromises l'une par l'autre ; les deux faces, la tragique et la bouffonne, sont aussi indissociables que l'envers et l'endroit d'un masque.

Par le truchement des « fêtes des fous », la folie se rattache à un courant carnavalesque de la vie populaire encore extrêmement fécond à la fin du Moyen Âge : presque tous ses rites, rappelle Bakhtine, « *sont des* rabaissements *grotesques des différents rites et symboles religieux transposés sur le plan matériel et corporel* » (p. 83[31]) ; ils offrent au rire un exutoire efficace et viennent contrebalancer « *le caractère unilatéral et exclusif* » du sérieux, lequel constitue le trait dominant de la vie religieuse officielle (p. 84[31]). Après le « grand enfermement » de la folie au XVIIᵉ siècle décrit par Foucault, l'immense champ de la déraison est coupé de ses racines populaires, retranché du tissu social dans son ensemble : la folie ne vise plus dès lors qu'à signaler les points d'extrême tension de la société. On la retrouve au XIXᵉ siècle, dans l'œuvre de Dostoïevski entre autres, avec une signification qui, pour être sensiblement différente de celle que lui assignait jadis sa place dans la culture populaire, ne l'en rapporte pas moins à un rameau carnavalesque vivace, celui qui, à travers l'histoire de certains genres littéraires, se raccroche à la ménippée. Dans la vie des héros dostoïevskiens, elle vient, à côté du suicide et de l'homicide, marquer des crises, des cassures, des seuils (p. 114[1]) ; elle représente un avatar particulièrement puissant de l'anacrèse, en ce sens qu'elle permet de « *créer une situation exceptionnelle* » (p. 160[1]) (premier trait). En outre, elle a pour fonction de participer à « *l'expérimentation morale et psychologique, à la représentation d'états psychiques inhabituels, anormaux* » (p. 163[1]), où elle sert à signifier l'inachèvement constitutif du personnage (deuxième trait). Mais elle rassemble encore d'autres traits caractéristiques du genre, comme « *la méditation sur le monde poussée à la limite* » (p. 161[1]), car c'est un privilège du fou que ce pouvoir d'ouvrir le langage au non-dit (troisième trait). Cette transgression ne va pas sans éclats, et les « *scènes de scandale, les conduites excentriques, les propos et les manifestations déplacés* » (p. 164[1]) en sont les expressions sociales les plus patentes (quatrième trait), de même que les « *contrastes violents* », les oxymorons sont les figures qu'elle affectionne (cinquième trait).

Autant d'aspects qui permettraient de rendre compte pertinemment du personnage d'Allan et du malaise où sa conduite comme ses propos plongent le groupe des estivants. La parenthèse temporelle et spatiale qu'ouvre dans la vie de ces derniers le séjour à l'Hôtel des Vagues présente les conditions les plus favorables au déploiement de la folie : ce n'est pas tant à assister à un spectacle qu'ils sont conviés — ainsi d'ailleurs que l'indiquent avec obstination tant de notations, surtout au début, à commencer par celle qui fait du lieu un amphithéâtre, un théâtre vide (*BT*, incipit non paginé) — qu'à finalement y participer. Pour reprendre les mots de Kristeva, « *ce spectacle ne connaît pas de rampe* » et « *celui qui participe au carnaval est à la fois acteur et spectateur* » (p. 160[6]). Le récit culmine dans la scène du bal masqué (*BT*, 167-86) : c'est dans cet état de confusion, sursaturé de mimétisme, que vient se dissoudre la petite collectivité ; c'est aux permutations et inversions de rôles, aux propos doubles et aux quiproquos que s'ouvrent les divisions du groupe, déjà sérieusement affectées par les affrontements antérieurs. Parvenue à ce point où, dans l'effet de foule, les identités sont brouillées par la rivalité des désirs et le jeu des travestissements, la communauté, plongée dans l'indifférenciation mimétique, est en droit d'exiger de celui qui s'est comporté en « *roi de théâtre* » (95) l'acte qui la sortira de la crise. Dans cet état d'instabilité qui la caractérise, entre crise mimée et crise originelle, il suffit d'une légère inflexion dans l'un ou l'autre sens pour que la foule penche vers la détronisation du bouffon ou vers la mise à mort du *pharmakos*, ou en d'autres termes pour que le rite, la mascarade, se perpétue comme tel jusqu'au bout et assume complètement son essence rituelle, c'est-à-dire plus ou moins substitutive et symbolique, ou bien pour que, à la faveur de la confusion, il bascule vers son origine sacrificielle, c'est-à-dire vers le dénouement contigu à la crise que mime la fête.

Les deux termes de cette alternative sont irrémédiablement intriqués l'un dans l'autre, car si le fou est une figure carnavalesque, il est aussi une incarnation de l'*hubris*. Dans la généalogie de la folie, l'autre lignée est commandée par la crise sacrificielle : l'*hubris* désigne toutes les formes de transgression par lesquelles il est mis fin à la différenciation culturelle ; elle est « *cette forme du désir mimétique assez exaspérée pour se prétendre au-delà de tout mimétisme, pour ne plus vouloir d'autre modèle que soi-même* » (p. 93[2]), écrit Girard après avoir commenté le mythe de la création du soleil et de la lune chez les Aztèques. Et précisément ce mythe nous montre comment Tecuciztecatl, le futur dieu-lune, après s'être tout d'abord porté volontaire pour le sacrifice, hésite maintenant à se jeter dans le brasier et ne s'y résout qu'une fois que la seconde victime, désignée, elle, par l'assemblée des dieux, y a plongé. Ce mythe est doublement instructif. Il nous apprend que la mort volontaire peut recouvrir un meurtre collectif ; c'est en effet la composante de contrainte qui, sous les apparences de l'autosacrifice, trahit la pérennité des mécanismes victimaires. En second lieu, il nous offre avec Tecuciztecatl une illustration parfaite de l'*hubris* : comme le souligne Girard, c'est parce qu'il est, dans son désir, trop purement mimétique, qu'il est incapable de se jeter de soi-même dans le feu. La démence est bien également transgression de toute mesure, de tout *nomos*, mais le vouloir qui lui est lié n'est qu'un ultime effet de la *mimesis*, une dernière surenchère. Sans doute, il s'agit là d'un mythe, et donc d'un système de représentation déterminé par le point de vue des persécuteurs ; mais l'analyse est encore valable au sein d'un « *univers structuré par la révélation évangélique* », pour lequel « *l'existence individuelle reste essentiellement imitative, même et surtout, peut-être, lorsqu'elle rejette avec horreur toute pensée d'imitation* » (p. 64[5]).

Dans son essai de 1963 sur Dostoïevski, Girard voit dans l'orgueil le principe fondamental des hallucinations de doubles : « *L'orgueilleux se croit un dans le rêve solitaire, mais il se divise dans l'échec en un être méprisable et en un observateur méprisant.* » (p. 66[5]). L'échec lui fait épouser le parti de l'Autre en lui, de l'observateur méprisant, lequel Autre se rapproche de l'Autre extérieur, le rival triomphant. Inversement, « *ce rival triomphant, cet Autre, hors de Moi, dont j'imite le désir et qui imite le mien, se rapproche sans cesse de Moi* ». De la conjonction de ces deux mouvements, et de l'effondrement subséquent de la distinction entre le moi et l'Autre, résulte l'hallucination des doubles. L'orgueil, cet autre nom (chrétien) de l'*hubris*, désigne la structure dans laquelle se conçoit et s'enferme le sujet en tant qu'il se veut, dans la négation de toute altérité, l'unique agent du désir. Les obstacles qu'il rencontre et qui, avec la possession de l'objet désiré, diffèrent la satisfaction du désir, constituent autant d'adjuvants pour l'Autre, c'est-à-dire pour le modèle à l'image duquel il s'est formé. Voilà que cet Autre, en moi et hors de moi, devient lui-même un obstacle barrant le chemin de l'objet, et cela au gré d'une logique apparemment paradoxale qui en reproduit infiniment la nécessité : « *Plus le modèle se transforme en obstacle, plus le désir tend à transformer les obstacles en modèles.* » (p. 10[5]). C'est pourquoi le désir « *croit aller plus vite en adorant l'obstacle* » (p. 10[5]) et en se détournant de l'objet. Inutile de préciser que l'orgueil est immanent au désir comme tel et que l'hallucination des doubles sur laquelle il peut déboucher n'est que le plus haut degré d'une suite de phénomènes dont la continuité et l'homogénéité sont perceptibles dès lors qu'on y reconnaît le travail du mimétisme[32]. Cette structure, avec les différentes accentuations dont elle est susceptible d'être marquée, rend compte assez précisément des relations qu'entretiennent les couples masculins d'*Un Beau ténébreux* autour de Christel, Irène et Dolorès[33]. Avec un degré d'intensité mimétique plus élevé, et par conséquent propice aux manifestations hallucinatoires, on la trouvait également dans *Argol*.

Reste que cette structure est sensiblement modifiée lorsque vient s'y inscrire, comme c'est le cas chez Allan, la dimension narcissique de la libido. La stratégie du beau ténébreux, comme celle de la coquette, consiste à imposer le désir à l'Autre. Il s'agit cette fois non plus seulement de s'enfermer dans son désir, mais d'y enfermer l'Autre. Pour ce faire, le sujet se suggère comme modèle et « *se nourrit du désir qu'il oriente vers lui-même* » (p. 517[16]). Toutefois, de même que l'orgueil, le narcissisme ne fait que manifester une latence du désir objectal, avec lequel d'ailleurs il partage au moins deux traits : il n'est pas inépuisable et il est tourné vers la différence la plus extrême. En outre, la convergence du narcissisme et de l'orgueil est manifeste à deux niveaux distincts. En premier lieu, le sujet-modèle va s'efforcer de répondre le plus adéquatement possible à l'image de lui-même qu'il a implantée dans l'Autre. Que cette attente soit déçue, et c'est l'image qui s'évanouit, c'est la substance même du sujet qui s'écoule ; trahir l'image, c'est bel et bien se tuer : « *Oui* [répond Allan à une question de Christel], *sans doute encore je pourrais vivre, — à condition que le ridicule ne tue pas.* » (*BT*, 216), et un peu plus loin Christel lâche le mot définitif : « *Vous avez de l'orgueil...* ».

En second lieu, c'est l'illusion d'autarcie procurée par le modèle narcissique qui va susciter et déchaîner l'orgueil latent dans le désir des autres, qui va les *scandaliser*[34]. La fascination qu'exerce Allan « *spécialement mais non uniquement sur les femmes* » (50) suffit à les lui attacher : qu'il paraisse avec l'une d'elles, et se forme un « *couple royal* » (45). Le désir de Gérard pour Dolorès se déclare, bien qu'il se sache sans espoir. De plus, l'ambivalence de la relation à l'objet et au modèle, au Couple modèle (53), est avérée par une série de jugements aussi excessifs dans la dépréciation que dans l'adoration : le couple royal se mue en l'association quelque peu crapuleuse de « *deux aventuriers de palace* », Allan, ce « *prince* » (79), ce « *roi* », est dégradé en « *métèque de haut vol* » (53), toutes évaluations qui, dans un sens ou dans l'autre, reflètent la prégnance des critères de sélection victimaire. Il va sans dire que le jugement de Gérard sur lui-même est soumis à des fluctuations analogues : plus il place haut Allan et Dolorès, plus il se rabaisse, et inversement ; au pied de l'autel dressé par son idolâtrie, il se dévalorisera ironiquement comme « *jeune universitaire plein d'avenir* » : c'est dans la division du sujet en un être méprisable et un observateur méprisant que se trouve la source du masochisme.

Le projet d'Allan va exploiter l'illusion de plénitude émanant de la stratégie du beau ténébreux. Comme dans le mythe aztèque son acte vise une différence ultime, une transcendance qui le retranchera de la communauté en le plaçant au-dessus d'elle : pour se vouloir « *sans rival, le premier de tous, servant de modèle aux autres mais lui-même sans modèle* » (p. 93[2]), Allan est l'homologue moderne de Tecuciztecatl, une illustration parfaite de l'*hubris*. Toutefois, ici, le projet demeurerait caduc s'il ne s'imposait pas à l'Autre comme mouvement du désir, participant de son essence ; si donc l'Autre n'était pas convié à l'épouser, seule manière possible pour prendre la mesure de l'objet vers lequel il tend : scène d'un théâtre ici délimitée pour que s'y déploient les vertus cathartiques du drame... Structure de la représentation, oui, mais qu'affole le jeu d'Allan avec les masques. Ses postures ténébreuses deviennent autant d'impostures carnavalesques dans le registre ludique desquelles se notifie, mais altérée, la signification de son projet. À ce jeu, l'Autre justement ne va-t-il pas finir par être pris, croyant qu'une souveraineté, si elle n'est fondée que sur la promesse d'un sacrifice, est dérisoire ? Il faudrait relire dans cette perspective la scène capitale où Allan joue sa fortune au Casino (*BT*, 108–10) : « *Visiblement, il y avait là un homme qui se perdait* » (109), note Gérard, qui recourt par deux fois au terme de *scandale* pour décrire le jeu d'Allan « contre lui-même », puis la manière dont « il forçait chacun à lire dans son jeu ». C'est que dans ce type de jeu s'entrecroisent les deux processus. Girard, reprenant la typologie de Caillois, remarque que les jeux de hasard « *correspondent à la résolution sacrificielle* » (p. 142[16])[35]. Et Bakhtine, de son côté, fait observer que la « *nature du jeu (aux dés, aux cartes, à la roulette) est carnavalesque* » (p. 228[1]) : il y retrouve l'équivalent de ce qui se déroule sur la place publique — le contact libre et familier autour de la table de la roulette, la levée des règles de conduite habituelles, les changements de fortune qui correspondent à des in-détronisations, avant de conclure : « *La* mise *est semblable à la* crise : *l'homme se sent sur une sorte de* seuil. *Le temps du jeu est un temps spécial, la minute y vaut aussi des années.* ». En restituant au jeu son sens sacrificiel, on vérifie une fois de plus l'hypothèse selon laquelle le carnaval et les activités affiliées sont imprégnées par les mécanismes victimaires. Ici se ressaisissent leur pouvoir explicatif, leur prodigieuse puissance de récupération : ils réussissent tôt ou tard à imposer leurs structures de représentation aux participants.

L'objet du désir d'Allan, sa propre mort, ce moi nécrosé où

se parachève imaginairement la clôture narcissique, met fin à tout désir, rend impensable une mort s'éprouvant comme désir ; par là même il échappe à toute espèce de rapport immanent et doit permettre au sujet de tenir définitivement à distance ses rivaux. Or l'acte est différé, cette mort qu'il commence par désirer pour lui finit par lui être imposée du dehors comme l'image fidèle de son désir, et plus profondément du désir des autres. Autrement dit, c'est parce que Allan, à l'instar, là encore, de Tecuciztecatl, est, dans son désir, trop purement mimétique, qu'il ne se tuera que pour échapper au ridicule. Dans l'intervalle, une parole s'est substituée au geste, qui, tout en se chargeant de l'annoncer, canalise au profit du sujet la plus-value de souveraineté qui y est attachée. Parallèlement, d'inaccessible qu'il était, l'objet se révèle un enjeu au sein du groupe à l'intérieur duquel il fait croître les rivalités. En se risquant à vivre encore, à jouer sur l'échéance pour distendre l'intervalle qui l'en sépare, Allan dresse autour de lui les pièges et les obstacles que suscite toute incarnation.

Allan, à l'instar de Nietzsche sombrant dans la folie, concilie Dyonisos et le Crucifié : « *En se voulant Dieu il est devenu victime, il a goûté au destin de la victime émissaire.* » (p. 437[16]). Cette duplicité est manifestée dans le passage du Journal de Gérard (*BT*, 124-5) où les apparitions du Christ après la résurrection, entre la Passion et l'Ascension, et notamment l'épisode d'Emmaüs, sont reliés, d'une manière peut-être allusive, mais néanmoins extrêmement révélatrice, au lynchage de Penthée : la « *petite troupe fraternelle, ivre de soif* » (125) des apôtres y est en effet comparée à celle des *Ménades* et fait écho à l'audace « *qui ne* ménage *plus* » du Christ. À la faveur de la substitution d'un seul phonème, c'est la surenchère mimétique qui se trouve dévoilée et la lecture sacrificielle de la Passion qu'elle fonde[36].

46

L'ambiguïté, l'indécidabilité qui affectent le projet d'Allan ne sont pas spécifiques d'*Un Beau ténébreux*. Il est indéniable que la fête représente une commémoration de la crise sacrificielle et que les éléments proprement festifs qui finissent par la dominer entièrement jouxtaient antérieurement d'autres éléments rappelant de manière directe le sacrifice : « *Si la crise des différences et la violence réciproque peuvent faire l'objet d'une commémoration joyeuse, c'est parce qu'elles apparaissent comme l'antécédent obligatoire de la résolution cathartique sur laquelle elles débouchent.* » (p. 171[7]) et dont, dans certaines phases des manifestations carnavalesques, la « *mise en pièces "sacrificatoire"* » (p. 216[1]) est un écho affaibli. L'unité de tous ces phénomènes est encore attestée par la symétrie qui, dans bien des univers mythiques, réunit sous le signe d'une commune déréliction, aux deux bouts de la chaîne sociale, ces hors-caste que sont le roi et le *pharmakos* : le fou patenté rattaché au premier n'avait au départ pas d'autre justification que de lui rappeler la précarité foncière de la souveraineté dont il jouissait ; « *Sous tous les rapports* [ajoute Girard], *le fou est éminemment "sacrifiable", le roi peut se soulager sur lui de son irritation, mais il arrive aussi que le roi soit lui-même sacrifié [...].* » (p. 28[7]). On sait que dans les monarchies historiques le fou se présente comme un substitut du roi, lequel se retranche derrière son immunité ; mais, à l'origine du pouvoir monarchique, le roi n'est qu'une victime pas encore sacrifiée : l'intervalle entre la sélection de la victime et le sacrifice tendant à s'allonger, l'emprise du roi sur la communauté se fait de plus en plus réelle. Ce dispositif est tout le contraire de celui qui produit la divinité : l'interprétation met alors l'accent sur la victime déjà sacrifiée et sur l'expulsion du sacré concomitante de l'exclusion physique. Ainsi, deux résolutions de la crise sont concurremment possibles : la royauté sacrée et la divinité sacralisée, l'une différant le sacrifice, l'autre en résultant[37]. La trajectoire d'Allan est tout entière comprise entre ces deux pôles : sa royauté est fondée sur son destin de victime ; elle recueille tout le pouvoir émanant de l'échéance finale, non cependant pour en faire peser le poids sur les sujets, mais pour en exhiber et donc en expliciter le mécanisme à l'intention de spectateurs que cette exhibition convertit en participants. On n'ignore pas ce qu'il adviendra de cette tentative de neutralisation réciproque de la royauté et de la divinité : le roi/Christ de carnaval se métamorphose insensiblement en roi-victime émissaire.

Il apparaît désormais que, loin de s'exclure, le processus sacrificiel et le scénario carnavalesque se recoupent l'un l'autre comme la crise et le rite qui la rappelle, le fou occupant au cœur de cet ensemble un point névralgique : au stade sacrificiel, il qualifie celui au compte duquel le désordre est porté, la folie étant un trait de sélection victimaire remarquablement opératoire ; au stade carnavalesque, il s'assimile au roi bouffon, à la victime couronnée dont l'intronisation et la détronisation rituelles rappellent la mise à mort.

IV

L'IMAGE : LE MÊME ET L'AUTRE

Aﾠ PRÈS la communauté triangulaire d'*Argol* et la petite
collectivité d'*Un Beau ténébreux*, *Le Rivage des Syrtes*
inscrit l'action de ses personnages dans une sphère humaine
élargie aux dimensions de l'histoire : l'interdividuel s'enlève et
s'ouvre sur l'horizon du collectif. On se tromperait pourtant
en voyant dans cet évasement l'effet d'une simple amplifica-
tion de la problématique mise en place par les deux précé-
dents récits. Pour commencer, l'histoire s'énonce d'un bout à
l'autre dans la forme apaisée de la *Icherzählung* : les tensions
y sont comme résorbées, les contradictions d'avance résolues.
C'est en vain qu'on y chercherait la trace de la stylisation littéraire ou des modulations intertextuelles qui signaient l'écriture antérieure. De façon générale, c'est la forme même de
l'œuvre qui se dérobe à toute perspective carnavalesque. De
même, les seules morts décrites dans le récit, mort naturelle
du vieux Carlo ou « acte manqué » de Marino (il se tue en
tentant de tuer Aldo), n'éveillent aucun écho sacrificiel.

On peut se demander néanmoins si ce qui a disparu de (et
dans) la surface miroitante de l'écriture ne travaille pas, fût-ce
allusivement, la texture thématique et n'influe pas, à la
manière d'une tache aveugle, sur la structure de la narration.
Alors des schémas se dégagent qui nous sont familiers : les

relations interpersonnelles sont doublées à un palier supérieur par les relations entre les deux communautés ennemies, Orsenna et le Farghestan : les unes comme les autres ne cessent de se développer selon des modalités qui se laissent interpréter par le désir mimétique et la rivalité conflictuelle. Et la narration étant assumée par un acteur appartenant au camp d'Orsenna, c'est le Farghestan qui sera défini comme Autre. Cette instanciation et la focalisation qu'elle implique déterminent un traitement particulier de l'information : les relations interpersonnelles ne relient que les acteurs de ce camp promu sujet de l'histoire ; en revanche, tout ce qui relève du Farghestan, échappant à la saisie immédiate et à la description objective, nécessite des médiations imaginaires fort complexes. Ce qui d'un côté est *a priori* justiciable de procédures d'élucidation immanentes ne peut être atteint de l'autre qu'au terme d'une recherche dont non seulement l'efficience, mais aussi la légitimité sont constamment menacées par la structure hermétique dans laquelle se chiffre le sens de son objet. La certitude du Même s'embrouille dans les rumeurs dont s'entoure l'Autre, la transparence et la présence à soi du sujet s'opacifient progressivement au contact de l'Autre, et ce dans le temps même où la quête du secret cristallise inéluctablement dans l'imminence de l'affrontement. Le chemin menant au Farghestan passe nécessairement par Orsenna, le rapport du sujet à l'Autre est intimement lié à son rapport à lui-même.

À Orsenna, capitale sommeillante ressassant ses fastes passés, à Maremma, la « *Venise des Syrtes* » (*RS*, 89), et à l'Amirauté, les doubles prolifèrent. Mais c'est d'une manière singulièrement plus discrète qu'auparavant et qui tient tout d'abord à la fonction que leur fait remplir la diégèse. À ce premier niveau de sens, le double est connoté par la duplicité. Aldo, le héros-narrateur est l'« œil » de la Seigneurie à l'Amirauté, euphémisme pour désigner, à l'usage d'une aristocratie sourcilleuse, des «*fonctions qui touchent de fort près aux pratiques de l'espionnage*» (9) ; c'est le titre d'Observateur que lui décernent, avec non moins de pudeur, ses deux homologues, Belsenza et l'envoyé de Rhages, lorsqu'ils le rencontrent — Belsenza connu à Maremma comme l'agent secret qu'y entretient la Seigneurie (98), l'envoyé en qui Aldo identifie le gardien du bateau non immatriculé de Vanessa aperçu à Sagra (246). Vanessa Aldobrandi elle-même, fidèle à sa lignée, dont la vocation à la trahison est illustrée entre autres par la dissidence de Piero lors du premier conflit, Vanessa, à la suite de son père, joue secrètement le jeu du Farghestan. Enfin, il n'est pas jusqu'au Conseil de Surveillance, où siègent les «*instances secrètes de la Ville*» (303–53), qui ne puisse être soupçonné d'être manœuvré par la main de l'étranger («[...] *je songeai à cette "société" qui, pour tout Maremma, disposait maintenant de Rhages* [...]. » (342))[38]. Si Orsenna, par bien des traits, n'est pas sans rappeler la Sérénissime République, «*la parfaite* nourriture noble *de la chose politique, la viande d'État à point*», comme l'écrit ailleurs Gracq (*LI*, 215), n'est-ce pas surtout pour la raison que l'histoire et la politique y participent d'une conception policière fondée sur le secret (à tous les sens du mot) ? Dans une telle conception, l'essentiel n'est pas de faire, mais de savoir ce que sait ou ne sait pas l'Autre (l'ennemi du dehors et ses agents infiltrés), d'évaluer et de déchiffrer ce savoir, puis enfin de décider s'il est ou non opportun, et sous quelle forme, de le dire — de le faire savoir. Tant que l'on s'accorde à ne pas nommer autrement qu'à l'aide de formules convenues «*l'état officiel d'hostilité*» (*RS*, 13) qui régit les rapports entre les deux pays, la « *guerre* » qui s'éternise depuis trois siècles n'a pas même l'ombre d'une réalité langagière. À côté de l'espionnage et le recoupant, la diplomatie constitue donc le second instrument employé par l'État policier : elle vise à différer le plus longtemps possible l'énoncé de certains mots (tel celui de *guerre*) ou, le cas échéant, à les noyer dans un effet de sourdine[39].

On voit que la discrétion est inhérente aux doubles, en ce premier sens du mot : elle trouve sa justification dans la duplicité des personnages, s'avère une condition indispensable au succès de leurs menées. Elle est tout aussi impérativement requise au deuxième niveau de cette thématique, les doubles signalant alors les dédoublements résultant de l'activité mimétique, et cette fois-ci parce qu'elle est exigée par les procédures de constitution du récit, tant en ce qui concerne les normes de vraisemblance supposées par son projet que les habitus de lecture qu'il définit : Amossy fait justement remarquer que le « Rivage *se distingue ainsi du* Château d'Argol*, où la filiation avouée avec le roman noir autorisait le déploiement des stéréotypes et le recours éventuel au fantastique* » (p. 207[40]). En deçà de cette contrainte, les effets mimétiques structurent de très nombreuses relations, à commencer par celle du couple Aldo-Vanessa dont la gémellité est soulignée par la reprise du prénom de l'un dans le patronyme de l'autre. Plus largement, c'est, comme le suggère Amossy, toute la distribution des rôles qui est prise dans ce jeu de doubles. Le couple Aldo-Fabrizio se réfléchit dans le couple Giovanni-Alberti, « *pâles reflets* » (p. 208[40]), de même que Belsenza renvoie à Aldo une image dégradée de son rôle. À ces doubles fraternels et inférieurs, il faut ajouter les « *doubles paternels* » (p. 208[40]), Carlo, Danielo et même Marino, figure de l'Opposant, mais qui entretient avec Aldo une complicité étroite (p. 211[40]), ainsi que les pères de Vanessa et du héros qui se définissent comme les « *pôles diamétralement opposés d'une unique fonction* » (p. 209[40]). Dans cet univers du Même où s'abîme et se répète indéfiniment l'image du sujet, il n'y a pas trace de ces différences génératrices de tensions qui ailleurs font consister la

52

socialité : il s'agit bien d'un « *espace désocialisé* où il n'existe pas de véritable dimension d'altérité » (p. 212[40]), et il serait tentant d'en conclure que le peu de goût affiché par Gracq pour la caractérologie et la sociologie réalistes trouve là son expression consommée[41].

N'est-ce pas précisément cette indifférenciation interne qui conduit la communauté à sa perte ? Que celle-ci arrive de l'Autre, en l'occurrence du Farghestan, ne contredit pas ce premier fait : tous les acteurs d'Orsenna « *se prennent dans le vertige des reflets spéculaires où l'Autre se réduit au Même et où le Même se déguise en Autre* » (p. 206[40]). C'est dire qu'il n'y a pas d'Autre, ou qu'il n'y a d'Autre qu'imaginaire, et c'est ce qu'illustre significativement le mode carnavalesque sur lequel se manifeste pour la première fois cette altérité. Commentant la description de Maremma juste avant l'épisode du Sermon à Saint-Damase (*RS*, 185-7), Amossy note que « *la fête de la Nativité s'y allie curieusement à la mascarade* » (p. 45[40]). Cette alliance, ou plutôt cette mésalliance n'a, en fait, rien de curieux : le couplage des activités carnavalesques avec les fêtes religieuses, dans l'Occident chrétien et ailleurs, est un fait couramment attesté (on l'a déjà rencontré). C'est à la faveur de cette mascarade rituelle pendant laquelle la population de Maremma se replonge momentanément et de manière « fictive », sur un registre ludique (celui de l'exutoire), dans la crise mimétique que se produisent certains dérèglements, certes très subtils, mais dont l'activité, évaluée à quelques indices ambigus, suffit déjà à radicaliser la crise, à réactiver son potentiel, et donc à faire rétrocéder la mascarade vers une réelle confusion : le « *déguisement pieux* » (*RS*, 185), le « *travesti équivoque* » (186), la « *mascarade bénite* » ne disent pas seulement le suspens autorisé de la légalité religieuse et l'interpénétration du sacré et du profane ; ils trahissent l'immixtion d'une présence irrepérable et comme telle illégale, en ce qu'elle est extérieure au système qui successivement décrète la loi dans l'ordre du quotidien et la diffère dans le désordre de la fête (à l'horizon de laquelle sa rétention ne l'empêche pas de toujours opérer).

À Maremma, les masques ne font pas que brouiller une identité que le retour à l'ordre trouvera à sa place : ils recouvrent une altérité que son être, ou plus exactement son manque, fait échapper à la régulation sociale et à la surveillance policière qui la contrôle. Le travestissement y sert une visée qui dépasse le moment carnavalesque dont elle profite, et sous les masques échangés du Même et de l'Autre, du bourgeois de Maremma et de la défroque portée par les tribus nomades du Farghestan, c'est un tout-Autre qui pointe, « *quelques têtes* [comme le dit Belsenza] *qui ne sont aucunement de par ici* » (*RS*, 187). Simultanément, il n'est pas interdit de voir dans la suspicion de Belsenza le symptôme d'une véritable psychose (l'« espionite »), l'expression professionnellement achevée d'une hallucination s'imposant à toute la ville, comme si, dans cet univers désocialisé, indifférencié, et à Maremma, ville d'eau et de reflets, « *Venise des Syrtes* » (89), cité des masques, plus qu'ailleurs, l'Autre ne pouvait être appréhendé que sous les espèces du Même. On ne peut alors manquer de relever, à la suite d'Annie-Claude Dobbs[42], que les deux pays rivaux se distribuent symétriquement de part et d'autre de la ligne rouge de démarcation et de l'île de Vezzano — ce mot d'*île*, lui-même ambivalent, brouillant dans sa morphologie l'opposition significative du masculin et du féminin qui symbolise le culturel comme avant toute différenciation sexuée —, avec d'un côté Orsenna, Maremma et l'Amirauté, et de l'autre le Tängri, Rhages et l'arrière-pays de déserts et de steppes, soit précisément deux rivaux dont les toponymes reproduisent la partition masculin/féminin. Cette saisie imaginaire de l'Autre, à laquelle la topographie est subordonnée, donne à lire le vertige spéculaire dans lequel s'abîme Orsenna.

À cette image de l'Autre, il faut bien pourtant dans la genèse du sujet quelque origine où s'enraciner. Ou plutôt qu'une origine, un support, un point de fixation, un pôle sur lequel l'attraction et la répulsion prennent appui. Et encore serait-ce insuffisant à fonder une image, car ce pôle doit avoir été déjà reconnu, quitte à ce que le contact initial, cheminant dans une longue mémoire, ait par la suite été réapproprié par le Même. Ce pôle, c'est le Farghestan, et le chemin qui y mène, trois siècles après le bombardement de Rhages, passe par le clan Aldobrandi : Vanessa, assumant partiellement le rôle de son aïeul Piero, délègue à Aldo le soin d'achever la trahison, d'en porter l'intention au niveau de réalité d'un acte. Au terme d'une initiation dans laquelle il est impossible de faire la part du calcul et celle de la séduction, tant le vouloir politique et l'impulsion amoureuse sont intriqués l'un dans l'autre, elle conduit Aldo à refaire, pour voir et ne serait-ce que pour assigner quelqu'un à répondre à la question « *Qui vive ?* » (*RS*, 352), le parcours suivi trois siècles plus tôt par un ancêtre qui, lui, définitivement lié dans son portrait (115-7) au désastre de Rhages, se pose en père fondateur de la violence non moins qu'en bouc émissaire sacralisé par le « *rite séculaire exige[ant] qu'on se couvre, en signe d'exécration* » (115), devant la copie du tableau exposée dans la Galerie du Conseil à Orsenna. Aussi l'itinéraire d'Aldo, et pour commencer cette
· mise en quarantaine que représente son affectation dans le désert de Syrtes (c'est un « *purgatoire* » (11)), s'apparente-t-il, avec ses épreuves subies sur le mode déréalisant du défi ludique, tel le franchissement de la frontière maritime et la « *croisière* » (213-37) au large de Rhages, à un rite de passage visant en tant que tel « *à structurer sur le modèle de la crise origi-*

nelle toute crise potentielle, occasionnée par une perte quelconque de différence » (p. 394[7]).

Là où un rite « réussi » (carnavalesque ou initiatique) tend à se transformer progressivement en une épreuve « symbolique », pour Aldo tout se passe comme si, dans l'impossibilité où l'on est d'« *affirmer, au départ, qu'il s'agira simplement d'un passage* » (p. 391[7]), le défi lancé à soi-même (ce que veut Aldo, c'est « *être plus près. Ne pas rester séparé. [Se] consumer à cette lumière. Toucher* » (*RS*, 231)) atteignait l'Autre et réveillait la violence latente que le rite avait codée : tout comme à Maremma, l'imitation rituelle de la crise débouche sur la crise imitée. Avec ce contact où devait se reclore la complétude du sujet éprouvant, touchant ses limites, c'est une différence qui se perd (celle du sujet) ou qui se gagne (celle de l'Autre), la dernière différence, la différence supplémentaire dont l'effondrement ou le surgissement libère la violence, l'absence comme l'excès de différence étant en ce cas également mortels. Pour que le rite réussisse, il faut qu'il « *répète exactement le processus de la crise originelle* » (p. 392[7]) : ici comme là, la communauté s'ouvrira, à travers la crise sacrificielle, sur un ordre différencié. Mais le rite, opératoire au sein d'une communauté unifiée et homogène, ne l'est plus dès lors qu'il implique l'Autre — Autre, qui plus est, relégué aux marges du système, dans le grand désert des flux nomades. Pour peu que, formulée dans un ordre culturel donné, la séquence rituelle mette en cause l'Autre et que, entamée dans l'assurance d'une maîtrise du symbolique, elle dérive au gré de reflets imaginaires en menée aventureuse, c'est le principe de différenciation qui s'écroule par entropie ou par saturation, et avec lui toute la violence originaire, jadis contenue, qui reflue et déferle. C'est parce que la vieille Seigneurie est impuissante à mesurer la dimension d'altérité que ses rapports avec le Farghestan ne peuvent aboutir qu'à la destruction, préfigurée par l'incendie de Rhages lors du premier conflit. Ou encore, pour reprendre la forte expression de Gilles Deleuze et Félix Guattari, c'est « *la mort qui monte du dedans mais qui vient du dehors* »[43].

Les apories du *Rivage* ont une fonction d'élucidation, et les devenirs qu'elles enregistrent ne tendent à rien moins, de l'aveu de l'auteur, qu'à distiller l'« *esprit-de-l'Histoire* » (*En*, 216). Devenirs et apories sont pris dans une même problématique. On a vu que, d'une part, le schéma carnavalesque est réduit à son premier moment, dédoublement et indifférenciation de la foule, et que, d'autre part, le processus sacrificiel est tronqué, puisque la phase de sélection victimaire est éludée et que n'est retenu que le moment de la crise mimétique; et pour cause, en celle-ci ne s'agite aucun Autre discernable (pas plus que dans la « *mascarade bénite* » (*RS*, 186)), victimable et sacrifiable, mais un pullulement de masques. Tout se dénoue au niveau des relations entre les deux pays : l'ambivalence qui les caractérise fait de chacun l'image et le contraire de l'autre; tous deux sont murés « *dans une bouderie pointilleuse et hautaine* » (14), un *statu quo* qu'ils s'accordent à préserver, mais l'un en s'assoupissant de plus en plus sur ses gloires acquises, l'autre en passant par un cycle de crises. Nul doute d'ailleurs que le rythme de diastole et de systole auquel semble obéir le devenir historique chez l'ennemi outre-mer soit pour beaucoup dans la fascination létale qu'il exerce : les dissensions au terme desquelles le pays « *s'affaisse sur lui-même et semble prêt à s'émietter en clans féodaux opposés par des haines de race mortelles* » (13) trouvent un dénouement logique dans la « *vague mystique, née dans le creux de ses déserts, [qui] fond ensemble toutes les passions pour faire un moment du Farghestan une torche aux mains d'un conquérant ambitieux* ». En un mot, c'est de la crise et des rivalités conflictuelles (dominées par le stéréotype victimaire de la haine raciale)

57

qu'il traverse régulièrement que le Farghestan sort toujours plus uni, plus fort, plus *triomphant*. Dès lors, il peut bien apparaître que pour Orsenna la survie se trouve assurée par l'épreuve de sa propre ruine et que c'est en prenant modèle sur (l'image de) l'Autre qu'elle pourra en quelque sorte recommencer à partir de sa fin, fonder sur son désastre. Il lui faudra auparavant épuiser complètement les charmes où la retient sa déréliction, consumer les aspects sous lesquels elle se complaît à considérer « *l'affaire du Farghestan* » (15) : d'une part, cette placidité, relevée « *d'une pointe de bouffonnerie plaisante* », qui lui fait célébrer au milieu d'une atmosphère de fête l'anniversaire du bombardement de Rhages ; d'autre part, la persistance dans le langage le plus usuel des traces du conflit, « *comme si l'on avait chéri là inexplicablement l'anomalie bizarre d'un événement historique mal venu, qui n'avait pas libéré toutes ses énergies, qui n'avait pas épuisé tout son suc* » (16).

Ces deux aspects, aussi liés que le symptôme névrotique et la décharge libidinale, délimitent le travail du deuil orsennien : la rupture de la proximité, attractive et répulsive, avec l'Autre plonge la Seigneurie dans le ressassement de son incomplétude et la livre à une obsession fétichisante. Pour Orsenna, la subversion carnavalesque et la fondation sacrificielle auxquelles le Farghestan doit de vivre (les costumes portés par les habitants de Maremma lors de la mascarade viennent du Farghestan) sont également impossibles dans l'immédiateté de son ici-maintenant, car s'il n'y a pas d'Autre que ne s'approprie toujours déjà l'imaginaire, il ne peut y avoir ni renversement ni victime. L'Autre objectivé dans la perspective monologique ne ménage plus d'issue qu'à la perpétuation débilitante du Même ou à l'irruption destructrice de la violence.

Dans le *Rivage*, les doubles carnavalesques ne découvrent pas les fondements de l'altérité : ils en constituent le déni et reconduisent aveuglément aux effets mimétiques du désir, tels qu'ils jouent à l'échelle d'une communauté. De même, le dialogue (ce récit est celui de Gracq où il y a le plus de dialogues « compositionnels ») n'ouvre aucune fissure dans ce long soliloque qu'est la vieillesse d'Orsenna. L'indifférenciation, dont on a vu qu'elle caractérise aussi bien les relations internes à un camp que ses relations avec l'adversaire, n'y fracture pas l'identité, mais la referme sur ses mirages. Ainsi la communauté projette-t-elle sur un Autre qu'elle ne peut connaître en tant que tel l'image de ce qui préside à sa propre décomposition et qui est justement cette saisie imaginaire, cette appropriation objectivante de l'Autre. Mirages et vertige...

Sous l'emprise des rivalités mimétiques, la logique du désir orsennien est celle de l'échec et de la mort. Si elle est aussi obstinément désirée, cette violence finale, pressentie mais non représentée au terme du récit, et rappelée au cours de la narration (le « *rougeoiement de ma patrie détruite* » (*RS*, 218)), c'est qu'elle a pour charge non tant de rassembler une violence éparse qui minerait les assises de la société — en dépit de l'agitation qui fermente, par exemple, aux abords de la maison des Aldobrandi (321) — que de faire advenir une différence, fondatrice enfin dans la mesure où à partir d'elle quelque chose serait possible, comme de restaurer le sens et d'établir le dialogue. C'est dans la perspective de l'après-coup se profilant au-delà de la crise qu'il est permis de penser dans toute son ampleur la question à laquelle nul ne saurait se dérober : « *Qui vive ?* » (352). Dans l'urgence de la situation, la sommation ménage timidement une issue à l'avènement de l'Autre, un mouvement s'esquisse qui serait non plus de « *reconnaissance* » (dont le sens belliqueux sert à désigner la « *croisière* » d'Aldo (231)), mais de connaissance. Eu égard à ce désir qui profondément ne voudrait la mort que pour espérer la vie, Aldo est bien, dans toute l'acception du terme, l'émissaire d'Orsenna, le vecteur de ce qui en elle tend outre sa contingence de « chose politique » ; l'émissaire, mais ni la victime ni le bourreau, ni le sauveur ni le damnateur[44] : par son acte de transgression, programmé au sein d'une initiation, il n'a fait, sur les instances secrètes de la communauté, qu'accomplir le désir de la Ville.

V

LE DÉSIR :
REPRÉSENTATION SPÉCULAIRE
ET RÉPÉTITION RITUELLE

I L faut attendre « Le Roi Cophétua » pour retrouver la configuration triangulaire et des jeux de doubles analogues à ceux d'*Argol*. Ce court récit, le plus court de Gracq si l'on excepte la trentaine de pages de « La Route », porte à un très haut degré d'intensité les résonances carnavalesques et sacrificielles des œuvres précédentes. Cette ultime fiction, à quoi ne pouvait succéder qu'un discours *critique*, rassemble en vue d'une résolution irréversible, d'un dénouement définitif que thématisera en 1976 le récit *presque* autobiographique des *Eaux étroites*, les questions posées antérieurement sur différentes portées d'écriture. Dans ce finale qui se joue sur un fond d'obscurité et de feuillage, ce sont non seulement les structures et les thèmes narratifs qui s'élucident, mais le sens même de l'entreprise inaugurée plus de trente ans auparavant.

L'histoire du « Roi Cophétua » s'organise autour de trois personnages : le narrateur qui relate l'histoire dont il a été le héros (le récit s'ouvre sur la phrase : « *Quand je reviens en pensée à l'époque où finissait ma jeunesse* [...]. » (*RC*, 183)) ; Jacques Nueil qui, absent de l'histoire proprement dite, est présenté par le biais d'analepses narratives ouvrant sur une époque antérieure ; la servante, figure à tous égards centrale, d'abord en ce sens qu'elle est pleinement immergée dans cet univers diégétique que, d'une façon ou d'une autre, les deux personnages masculins débordent en amont et en aval, ensuite parce que, au sein de cet univers, elle fait la liaison entre le héros-narrateur qu'elle reçoit et son « maître ». Au moment où le récit commence, le jour de la Toussaint 1917, le héros se rend à Braye-la-Forêt, dans la propriété de La Fougeraie, à l'invitation de son ami qui, engagé sur le front, doit revenir à l'occasion d'une permission. Il y est accueilli par la jeune femme, dont le silence et le charme troublant le font s'interroger sur la nature de la relation qui la lie à Jacques Nueil.

Sa propre amitié avec celui-ci n'est d'ailleurs pas exempte d'une certaine ambiguïté, comme en témoigne la lecture du journal qu'il entreprend pour meubler la longue attente qui commence : « *L'aviation française avait bombardé de nuit les casernes de Kaiserslautern.* » (*RC*, 188). Première lecture, dirigée et consciente, mais comme désaffectée : aveuglée à force d'être fidèle, c'est-à-dire répétitive, elle enregistre la lettre, colle littéralement au texte. Une seconde lecture lui succède, toute différente : flottante, mais levant le manque, le cernant et l'accusant :

Tandis que je relisais le communiqué d'un œil distrait — comme la sonnerie insistante du téléphone dans une pièce lointaine force soudain l'accès de l'oreille qui s'assoupissait et qui s'éveille — le nom de Kaiserslautern fit dans mon esprit une encoche perceptible. J'approchai le journal de la lueur du feu et je lissai les feuilles d'un doigt nerveux. L'annonce rituelle que tous les avions étaient rentrés manquait. Je dépliai vivement les feuilles achetées à la gare ; la petite phrase rassurante y manquait de même, agaçante comme une clé perdue. Il ne s'agissait pas d'une faute d'impression. (*RC*, 201)

Le déploiement gestuel de l'activité herméneutique traque un sens qui se dérobe, un sens qui est d'abord une absence.

Absence qui engendre une contre-lecture et oppose un cérémonial au manque de l'annonce rituelle : lisser les feuilles, les déplisser afin d'empêcher le recouvrement des lettres et la formation d'autres textes ; approcher le journal du feu pour arracher à l'ombre les signes qu'elle dévore ; déplier les feuilles où s'enveloppe le sens... C'est tout un faisceau de lectures qui est ici programmé : du tableau par le héros, du « Roi Cophétua » par le lecteur, des fictions antérieures par cet ultime récit — et des fautes qui s'y logent. Non pas faute d'impression (l'impression mécanique du texte sur la page), mais faute de lecture (l'impression psychique du texte) où se croisent la chute (le *lapsus*) d'une phrase et celle d'un corps — le héros relit le communiqué *d'un Nueil distrait*, escamoté par la guerre puis par la censure —, ainsi que le désir qui en occulte tout d'abord la manifestation, pour ensuite forclore le manque dans le corps du texte, fût-ce sous la forme de la dénégation finale[45]. Comment oublier que la lettre du deuil compromise dans la structure de l'œil travaille déjà le signifiant du nom propre, *Nueil*? D'où une série de questions dont il nous faut prendre acte : Entre le texte (du journal, du récit) et sa lecture, que *se* passe-t-il? Existe-t-il une lecture que n'habite pas le désir? un texte que ne travaille pas une lecture? Bref, est-ce que le désir n'écrit pas son histoire dans le texte? Ce que le héros-lecteur repousse ici en omettant le manque, en manquant l'omission, n'est-ce pas ce qu'il désire — la mort de l'Autre? C'est référée au jeu des structures textuelles (y compris celle du nom propre) que l'erreur de lecture prend sens : sa pertinence, si l'on peut dire, s'arrache aux modulations du texte auxquelles la description de la relation triangulaire est soumise.

Le fait de se demander quel type de rapport unit la jeune femme à Nueil en laisse deviner la nature équivoque : la liaison est double, autant que le mot lui-même. En tant que servante, la mystérieuse hôtesse est soumise à Nueil par un contrat de travail. Tenue de le servir, elle ne se réduit pourtant pas à ce rôle de « *simple femme de chambre* » (*RC*, 212). Une première approximation tente une mise au point : « *L'idée convenue de la* servante-maîtresse *flotta dans mon imagination, faisant naître un instant je ne sais quelle moue parodique, ironique.* » (213). Appliquant à la lettre le contrat, ce ne serait pas seulement sa force de travail qu'elle échangerait, mais aussi son corps. Le trouble, le malaise ressentis par le visiteur se résoudraient ainsi dans le stéréotype de la servante-maîtresse, le rôle vaudevillesque de la *serva padrona*, rassurant en ceci qu'il lève de manière économique l'ambiguïté pour la dissocier en deux aspects complémentaires et néanmoins séparés. Stéréotype dénoncé par le texte aussitôt que formulé. En effet, le trouble subsiste, car le piège de l'ambiguïté fonctionne lorsque les deux rôles se chevauchent ou se recouvrent, l'un pointant sous l'autre. Aussi l'« *idée convenue* », tout empruntée qu'elle est (c'est un caractère social déformé et déformant), n'en est-elle pas moins le véritable lieu commun, d'où découle et où aboutit le motif descriptif récurrent dénotant l'attitude de la jeune femme, motif combiné renvoyant d'un côté à un jeu théâtral carnavalisé (version profane), de l'autre à un rituel hiératique (version sacrée), selon une construction complexe qui articule les notations physiques de lenteur, de verticalité (qualifiées parfois par des termes tels que *solennelle, hautaine*) à ce double champ sémantique (introduit presque toujours par des verbes modalisateurs) (205, 221, 222, 228, 229, 233, 239, 240, 242, 246, 248). Loin de s'exclure, les deux composantes de ce motif insistant, la mimique (et le dédoublement qu'elle suppose) et la célébration (avec l'investissement qu'elle requiert du sujet), s'affectent réciproquement dans un tourniquet de gestes profanateurs et sacralisateurs. Le simulacre et l'office dérobent le corps, assignent les postures dans un horizon de sens qui les fluidifie et les déporte vers un sens toujours autre.

Ce corps, tout laisse supposer au héros que Nueil en a très tôt éprouvé la séduction. Au jeu ambigu de la servante et de la maîtresse, le maître prend et il est pris : c'est sa maîtrise qu'il perd, dans « *l'éblouissement de la beauté qui lui avait été livrée à l'improviste sous un tablier dans sa maison* » (*RC*, 247). Entre eux deux s'installe alors un rituel répétitif (229). De ces rapports rien ne peut être dit de manière assurée : ils font l'objet d'une reconstitution à partir de la situation actuelle qui met face à face le héros et la jeune femme. Tout dans les gestes de celle-ci paraît avoir été dicté à l'avance par un rôle qui simultanément dépossède le héros de lui-même et lui retire, à l'instar de Nueil, la conduite des événements :

Depuis que j'étais entré à La Fougeraie, elle m'imposait son rituel sans paroles : elle décidait, elle *savait*, et je la suivais. Je n'étais même pas troublé, ni perplexe : pris en charge seulement, tiré de moment en moment par un fil léger que je ne songeais plus à rompre.   (*RC*, 240)

Derrière le prétexte de cette discrétion servile qui m'avait enveloppé si silencieusement depuis le début de l'après-midi, il me semblait qu'on disposait étrangement de moi.   (*RC*, 234)

Cette dernière constatation faite sur fond d'hallucination : l'ombre de Nueil rôde dans la pièce. Car Nueil n'est pas étranger au jeu qui se joue entre la servante et le héros : à travers le héros, peut-être est-ce encore à lui qu'est destiné le service insolite :

Comme s'il n'avait jamais été question une seconde — ni pour lui, ni pour elle — que Nueil pût venir. Comme si j'avais été dès le début, dans le déroulement de ce service insolite — le lit, la table — présent et nécessaire, et pourtant intimement, paisiblement exclu.   (*RC*, 246)

Nueil absent — l'Autre caché —, c'est toute la puissance d'évocation et de conjuration attachée à faire revenir le corps enchanté et perdu qui déferle sur la scène désertée : « *Peut-être ne cherchait-il qu'à ressusciter pour lui à travers les autres un enchantement perdu* [...]. » (*RC*, 247). Il s'agit bien d'enchantement, de charme et d'ensorcellement : au corps servile et désirable, il est une face cachée, un profil perdu dont une gravure de Goya, *La Mala noche*, reconnaît les contours.

Pourquoi le héros se souvient-il de cette gravure (*RC*, 214-5)? Translatée du français à l'espagnol, l'expression « *mauvaise nuit* » (214) impliquée par la situation représentée, vient coïncider avec le titre de la gravure. La version espagnole est encore appelée par la similitude de l'orage qui sévit au-dehors et de la « *nuit de tempête* » constituant l'arrière-plan de la gravure. C'est au fait qu'elle est remémorée et non pas vue, dans l'histoire, que l'œuvre de Goya doit en outre d'être évoquée dans le texte non tant comme objet pictural que comme fantasme. Deux plans la composent : un fond et deux formes. Sur la « *nuit de tempête* » se détachent deux silhouettes de femmes, l'une claire, l'autre sombre. La dichotomie entre le fond et le premier plan est donc reprise à l'intérieur de celui-ci : elle se traduit par une différence de tons et combine un ensemble de similitudes et de différences dans les traits, les gestes, les attitudes. Les deux femmes sont antithétiques : au corps masqué sous « *les lourdes jupes ballonnées* » et au « *visage ombré* » de la silhouette noire s'opposent les jambes dénudées, le « *visage enfoui* » (215) de l'autre ; de la première émane une impression d'inertie, de passivité (dans les jupes, le visage et les paupières), tandis que la seconde est emportée dans un mouvement intense : un « *vent fou* » retrousse son jupon, le voile de la tête se fait drapeau (il claque, il est plaqué), la silhouette est comme « *troussée* », « *flagellée* ».

L'opposition contrastée du plan physique se maintient dans une dichotomie du désir et de la mort : dans la forme noire, c'est « *tout le côté clandestin, litigieux, du rendez-vous de nuit* » (214) qui apparaît : « *Voleuse d'enfant* », précise le texte, qui hésite entre trois termes : « *sabbat — enlèvement — infanticide* » ; chez l'autre, « *il y a l'anonymat sauvage du désir, et il y a quelque tentation pire* » (215), dont la posture, qui est « *celle indifféremment de l'effroi, de la fascination ou de la stupeur* », reflète l'indétermination, en laissant là encore le choix entre trois termes. L'homologie structurelle sur laquelle s'enlèvent les traits distinctifs et l'opposition fortement contrastée de ces derniers font des silhouettes un couple de doubles. La « *voleuse d'enfant* » est créditée sans hésitation d'intentions coupables ; l'hésitation ne porte que sur la nature du mal : quel qu'il soit, elle en est l'agent, le sujet, le responsable. En revanche, la relation de la forme blanche avec le désir est double. Par ce qu'elle laisse paraître de son corps, par ce qu'elle en expose, elle le suscite : son visage est éclipsé par le voile, tandis que sa chair se dénude ; sa singularité de personne, son identité, se perd dans l'anonymat de toute femme, dans cette exhibition d'objet où vient brûler la pulsion génésique. Et simultanément, ce désir, elle l'éprouve, peut-être pour cet Autre, absent de l'image, perdu dans la nuit du fond, vers lequel elle se retourne. L'amphibologie du désir (le désir *de*) la marque à la fois comme sujet et comme objet — et affecte pareillement l'Autre, « *qu'on ne voit pas* ».

Ce que la gravure (noire et blanche comme l'image onirique) souligne, le récit le reprend, le module et le varie, en l'adaptant à la servante : les attributs de celle-ci sont répartis entre les deux créatures. Il en va ainsi pour le « *visage ombré* » (*RC*, 214) de la silhouette noire et le « *visage enfoui* » (215) de la blanche dont l'équivalent chez la servante est donné dans une série de notations récurrentes mettant le visage en rapport avec les cheveux, les mains ou la pénombre environnante (205, 209-10, 213, 233, 238, 239, 242, 243, 245) : de même que les deux personnages gravés, se fondant dans la nuit ou s'en détachant pour se tourner vers elle, la jeune femme entretient avec la ténèbre une affinité étroite, jamais rompue. Ainsi presque tous les éléments descriptifs de la gravure ont-ils leurs répondants dans l'histoire. Dans la perspective du héros, la réminiscence est motivée par la situation : la suite de la narration, en revenant de manière quasi obsessionnelle sur le motif du visage à demi dissimulé, ne fera que renforcer la similitude dès l'abord perçue. Par ailleurs, la gravure complète ou prolonge ce motif en le grevant de connotations violentes dans lesquelles il n'est pas interdit de reconnaître les composantes sado-masochistes du désir (voir pp. 460–7[16]) : par rapport à la double projection fantasmatique de l'objet, l'Autre, le voyeur, le tiers exclu, est à la fois l'enfant volé ou tué et le bourreau qui flagelle. Cela, de même que l'indication de ce « quelque chose dans la nuit regardé par le visage enfoui », excède les contenus manifestes de la représentation narrative, mais, semble-t-il, comme pour mieux les envelopper dans un sens qui se dérobe à toute saisie directe.

La gravure de Goya, avec ses implications sous-jacentes au travail de la mémoire, n'est que la préfiguration d'une séquence bien plus décisive, celle où le héros découvre, accroché à un mur, le tableau représentant le roi Cophétua et la mendiante (*RC*, 223-4). Le roi porte les insignes emblématiques de sa fonction : le « *manteau de pourpre* » (223) et le « *diadème* ». Mais, paradoxalement, il est agenouillé (il « *fléchissait le genou et inclinait le front* »). Sa posture, toutefois, est empreinte de dignité : elle appelle la comparaison avec un roi mage. Deux indices guident ce déchiffrement : le « *visage basané* » et le « *diadème barbare* ». Le gain obtenu à l'issue de cette première

68

lecture est incontestable : de surprenante, voire scandaleuse, l'attitude du roi, certes peu conforme à ses prérogatives, se muerait en la pose attendue, et même édifiante, qu'a enregistrée une longue tradition littéraire et picturale. En dépit de cette facilité par quoi tout rentrerait dans l'ordre, il faut passer outre l'approximation initiale, et du coup prendre la mesure de la déception qu'engendre son abandon. Car si l'être devant lequel s'incline le roi n'est pas un enfant, ce n'est pas non plus, ce que motiverait sa « barbarie », une idole. Non, c'est « *une très jeune fille, presque une enfant* », debout devant lui, et dont l'apparence singulièrement dépouillée (« *bras nus* [...] *pieds nus* [...] *cheveux dénoués* ») ne se laisse qualifier par nul signe, insigne ou emblème. Triplement déplacé, donc, l'objet qui fait se courber le front royal : en tant qu'enfant, en tant que femme et en tant que déclassé — trois fois exclu, politiquement, culturellement et socialement. Son maintien est néanmoins décrit avec un grand luxe de détails : la rectitude du corps (elle se tient « *très droite* »; voir la « *verticalité hiératique de la silhouette* »), l'inclinaison de la tête (la « *tête basse* », le « *front penché très bas*», le « *visage perdu dans l'ombre* ») : de même que l'humilité de son agenouillement ne parvient pas à chasser complètement la dignité du roi, l'indignité de la mendiante reste sensible en dépit de sa posture.

La mendiante fait l'objet de deux approximations, deux tentatives en vue de résoudre son identité. La première penche en direction du sacré : elle fait penser à « *quelque Vierge d'une Visitation* » (*RC*, 224). La seconde oscille entre le sacré et le profane, le maître mot de cette incertitude étant la dérision : « [...] *mais la robe n'était qu'un haillon blanc déchiré et poussiéreux, qui pourtant évoquait vivement et en même temps dérisoirement une robe de noces.* ». Ce n'est ni le haillon (où subsiste la trace d'un blanc baptismal) ni la robe de noces (dont la déchirure dirait quelque violence du désir, le vent fou d'une flagellation), mais les deux, un scandale existentiel autant que sémantique, celui de l'« *annonciation sordide* », d'un sacré irrémédiablement souillé. La relation entre les deux protagonistes est également dominée par l'ambiguïté : leur silence (« *Il semblait difficile de se* taire *au point où se taisaient ces deux silhouettes paralysées.* ») a l'intensité d'une parole, dont le message, comme dans la gravure, oscillerait entre plusieurs sens : « [...] *honte et confusion brûlante, panique* [...]*, aveu au-delà des mots — reddition ignoble et bienheureuse — acceptation stupéfiée de l'inconcevable.* », sans que jamais l'on sache qui ressent la honte, qui avoue, se rend ou accepte, du roi, de la mendiante, ou des deux ensemble. Peut-être la réponse est-elle dans l'ombre où se perd le visage de la jeune fille ?

La description du tableau et celle de la gravure se construisent en opposant pareillement les deux personnages différenciés du premier plan et le fond indifférencié. En outre, la silhouette blanche et la mendiante ont toutes deux le visage « *tourné du côté de la nuit* » (*RC*, 215), « *perdu dans l'ombre* » (223). Mais surtout, c'est un réseau extrêmement serré de rappels et d'annonces qui se tissent entre la mendiante et la servante, les équivalences s'établissant quasiment terme à terme. Il en est ainsi pour les deux motifs déjà mentionnés, celui du visage enfoui dans l'ombre et celui de la posture verticale avec ses diverses connotations. Ce n'est pas moins de huit traits que l'on relève au total, parmi lesquels trois doivent retenir l'attention[46]. Le motif du vêtement reprend le schéma du précédent : il conserve la double postulation vers le sacré et vers le profane. À la « *robe de noces* » (224) du tableau répond dans le récit une « *tenue de bal* » (239), l'une et l'autre introduites au gré d'une comparaison dont elles forment le comparant, le premier terme, le comparé, étant constitué par la dénotation du vêtement effectivement porté, « *haillon blanc* » (224) ou « *peignoir* » (239) : chacun de ces deux énoncés analogiques repose sur un système opposant un référent trivial, voire dégradé (*haillon, peignoir*) à un comparant inscrit dans un champ de référence sacré (le cérémonial des noces) ou sacralisé dans l'univers des conventions sociales (le bal), le contraste étant à chaque fois accusé par des couplages lexicaux (*vivement / dérisoirement*) ou des antonymes (*dévêtu / habillé*). L'autre motif reproduit la même structure en la transposant du concret à l'abstrait. Dans la description du tableau, c'est le syntagme « *annonciation sordide* » (224), dont chaque terme condense des éléments antécédents : d'une part, sous le signe du sacré, les évocations de la Vierge de Visitation et de la robe de noces ; d'autre part, sous le signe de la désacralisation, la notion de « dérision ». À ce syntagme fait écho dans le récit celui de « *grâce ténébreuse* » (240), doublement complexe puisque chacun de ses constituants est polysémique, connoté à la fois par le sacré et par le profane : le substantif articule les notions d'« élégance physique » et de « faveur divine », l'adjectif celles d'« obscurité » et de « malédiction ». L'expression est par conséquent décodable sur quatre paliers de sens, chacun se connectant à une chaîne sémantique spécifique développée dans le texte, les chaînes construites sur les notions profanes étant directement prises en charge par les récurrences lexicales, tandis que les deux autres opèrent sur le plan des connotations. Le troisième motif qui nous intéresse est également binaire : il comprend les sèmes de « silence » et d'« aveu » en une implication réciproque — c'est la parole muette, ou le silence éloquent. À la différence de tous les autres, il fait intervenir un second personnage : le roi dans le tableau, le héros ou Nueil dans le récit, comme si, même muette, retenue, la parole produisait le destinataire. Contiguë à l'aveu, lequel est nécessairement lié au silence (222, 237, 240), la reddition (aveu corporel) lui est tantôt associée, tantôt substituée (211, 229-30, 232, 243, 249).

La séquence du tableau, on a pu le vérifier, condense un nombre d'éléments descriptifs bien plus élevé que la séquence homologue de la gravure. Les similitudes entre la scène peinte et la « réalité » représentée sont flagrantes : les positions et les attitudes respectives du roi et de la mendiante, chaque partie du corps de celle-ci, les évaluations touchant à son vêtement réfléchissent, rétrospectivement ou par anticipation, ceux du récit ; à la mendiante debout fait pendant la servante dressant la table et servant le maître ou son hôte, au roi agenouillé Nueil ou le héros assis pour le repas. Toutefois, pour le héros, le tableau, au moment où il est vu, ne se présente pas seulement comme une illustration de la situation vécue, le retour du donné actuel sous l'ornement d'une fable. À ce point de l'histoire et dans sa perspective temporelle, rien n'est élucidé quant à la nature du lien unissant Nueil et la servante ; ou plutôt, les hypothèses, qui ne feront jamais place à des certitudes, n'en sont qu'à leurs premières ébauches. En effet, en même temps qu'un reflet (fonction passive), le tableau est un révélateur (fonction active) : il met le héros en mesure de mieux appréhender ce lien :

Pourquoi, dès que j'avais éclairé le tableau, le caractère d'aveu qu'il impliquait s'était-il imposé à moi si brusquement ? et en même temps la pensée que, si sa découverte par moi n'avait pas été expressément souhaitée, rien du moins — bien au contraire — n'avait été fait pour la rendre impossible. (RC, 228)

En vérité, l'aveu est double : d'abord, du tableau considéré sous l'angle de ce qu'il représente et qui réfléchit la liaison de Nueil avec la servante ; ensuite, du tableau considéré comme plus ou moins ostensiblement exposé, mis à dessein sur le chemin de qui surviendrait au sein de cette intimité. Plus

72

encore, le tableau semble témoigner non seulement pour un tiers éventuel, mais pour les intéressés eux-mêmes :

Depuis des années, à cette table, servait-elle Nueil ainsi silencieusement, rituellement, gestes et regards noués dans un malaise tendre et oppressant que le tableau condensait et consacrait comme un miroir recharge et envoûte le visage qui s'y reflète ?   (RC, 229)

Ainsi le héros-narrateur émet-il l'hypothèse que le tableau, destiné au premier chef à réactualiser, à réactiver pour Nueil la fascination initiale et, accessoirement, à la communiquer (à la faire savoir) à d'autres (dont la complicité est sollicitée), opère en retour sur la servante à l'égal d'un scénario lui dictant ses gestes et attitudes, pour finir par l'envoûter lui-même, lui, le tiers devenu sujet de la relation, comme il a envoûté l'Autre, Nueil, le modèle du désir et, comme il a envoûté la servante[47]. Dans ce dispositif complexe où le désir circule d'une position à l'autre du triangle et multiplie les effets mimétiques, Nueil et la servante apparaissent pris au piège de leur propre séduction : le tableau leur renvoie une image d'eux-mêmes que simultanément il recharge, image spéculaire qui va leurrer le héros-tiers en l'attirant dans la relation à la place de Nueil. C'est pourquoi le thème du miroir revêt dans « Cophétua » une importance stratégique.

Les miroirs qui tapissent les murs de La Fougeraie redoublent les gestes du héros et de la servante, de la même manière que ces gestes révèlent ceux de Nueil et de la jeune femme. Les entrées en scène de cette dernière sont annoncées par les reflets lumineux de la lampe qu'elle tient à la main. Cette relation métonymique, recoupée par une association paronymique (*femme*/*flamme*) que sous-tend le motif de la verticalité, est métaphorisée par le thème du miroir : « *L'image de la flamme des bougies montant toute droite dans la pièce fermée était revenue se fixer dans mon esprit comme au foyer d'un cabinet de glaces* [...]. » (*RC*, 231). C'est que, métaphorique ou diégétique, figuré ou littéral, le miroir établit une médiation entre les deux personnages. Médiation indirecte, par le truchement de la flamme, ou médiation directe avec ce miroir-tableau de la salle à manger dont le contenu est modifiable à volonté (219) : l'apparition de la servante dans l'encadrement de la porte se reflète dans l'encadrement de la glace (220), permettant au héros de surprendre la servante, de la voir en lui tournant le dos, et donc sans en être vu (221). Autre médiation directe, celle du tableau représentant le roi Cophétua : il fonctionne exactement comme un miroir (229) — c'est un tableau-miroir —, réfléchissant pour le héros sa relation avec la servante, comme il l'a fait antérieurement pour Nueil. En effet, c'est avec le tableau que l'Autre, le modèle-obstacle, fait son entrée dans la relation désirante : Nueil absent, la servante continue de jouer le rôle dont le scénario se trouve pour ainsi dire scellé dans le mutisme de la peinture ; la place laissée vacante par le départ de Nueil investit sa doublure, son double, d'une identique fonction dans la relation à l'objet. Ou encore, le roi/Nueil « *désigne le désirable en le désirant lui-même* » (p. 10[5]) : il suffit d'imiter l'Autre pour se substituer à lui. Le tableau permet en outre à Nueil d'anticiper sa substitution par le tiers : Nueil se voit littéralement aimant la servante à travers l'Autre. Autrement dit, le modèle lui-même n'échappe pas au processus mimétique : « *Il imite, en somme, son propre désir, par l'intermédiaire du disciple.* » (p. 422[16]). Et de même que le tableau assigne la servante à son rôle, il dicte au double de Nueil sa propre conduite tout en lui donnant la possibilité de reconstituer à travers ce qu'il vit lui-même la relation entre Nueil et la servante.

Dans cette représentation structurée par les effets mimétiques du désir, le sujet et l'Autre, le tiers et le modèle-obstacle, le héros et Nueil sont tour à tour voyeur et vu, maître objectivant et acteur objectivé — comme la servante, jouant, certes, mais jusqu'à quel point, son rôle. Représentation au sein de laquelle il n'est pas dit que le tout du désir se focalise exclusivement sur l'objet. On peut en effet admettre qu'à un certain stade, celui auquel s'arrête généralement Dostoïevski, le désir du héros se porte non tant sur la femme ou sur le rival que sur le couple qu'ils forment (p. 500[16]). Tel est le cas pour la relation rétroactive du héros au couple Nueil-servante, mais aussi pour la vision anticipatrice du couple tiers-servante que Nueil se projette sur l'écran pictural. On se souvient que les couples Herminien-Heide, Allan-Dolorès se constituaient à un moment ou à un autre comme objets du désir. Le miroir, le théâtre et le tableau montent ainsi un espace panoptique à trois alvéoles où chacun se voit accouplé à l'objet de son désir par la médiation de l'Autre, quand cet objet n'est pas lui-même le couple. Et les deux configurations hétérosexuelles (Nueil-servante, héros-servante) n'excluent pas la configuration homosexuelle (Nueil-héros), le modèle-obstacle du désir devenant l'objet au terme d'un processus dont nous saisissons maintenant la cohérence. Dans le nom de Nueil peut-être est-ce l'O de l'Œdipe et de l'œil (substitut du phallus dans la castration), mais aussi et surtout du mauvais œil qui tombe : à l'*œil nu*, chacun voit la servante *nue* devant lui (*il*) — le même, ou cet autre sujet qu'est le lecteur.

Au château d'Argol informait le triangle relationnel du sujet, de l'objet et de l'Autre dans l'horizon d'une impossible unité : la trinité (trois en un, un en trois). Le couple, avatar de la trinité, tentait vainement de retrouver la formule de cette image totale : la logique du désir, en multipliant les réactions mimétiques, durcissait les rivalités et conduisait inéluctablement à l'exclusion violente. « Le Roi Cophétua » n'arrête pas le désir dans une image totale, il le laisse circuler d'une position à l'autre du triangle et lui autorise toutes les combinaisons possibles. D'autre part, si le tableau-miroir ne confronte pas le sujet à l'Autre dans une relation conflictuelle, c'est qu'un toujours-tout-Autre se profile à l'arrière-plan : la servante, comme la silhouette blanche et comme la mendiante, se tourne vers l'ombre, regarde au-delà de la nuit, au-delà de Nueil (c'est presque le même mot), au-delà du héros. Le héros et Nueil échangent leurs places autour d'un objet qui se dérobe constamment et dilue son objectalité dans la nuit de l'indifférencié. Il n'y a plus de Couple — il n'y a que des couples — ni, par conséquent, de dénouement sacrificiel. Il n'y aurait plus que le désir et sa répétition rituelle, dont les effets mimétiques ouvriraient la clôture représentative et à la place vacante du sujet convieraient le lecteur. Il nous reste à sonder cette nuit, à vérifier si elle est bien ce simple « fond » sur lequel le désir, montant son théâtre d'ombres, entamerait le cycle infini de sa reproduction.

Pas plus que la lueur d'une lampe n'abolit la nuit, la répétition rituelle du désir n'a définitivement congédié la violence. Il faut même comprendre que cet emballement du désir, ses fulgurations ne sont possibles ici qu'à la condition d'être nécessairement compensés ailleurs par des accès ou une latence dont ils répriment la sourde violence. En premier lieu, la guerre, présente à l'arrière-plan de l'histoire, tisse une trame descriptive dont jamais ne se relâche la tension : le conflit entre les deux puissances rivales — luttant pour la possession de quel objet ? — est rappelé sans cesse tout au long de la narration par d'infimes notations qui en alimentent l'obsession. Bien qu'en 1917 la guerre, enlisée dans le bourbier des tranchées, finisse par donner « *une image acceptable de l'ordre, de la stabilité* » (*RC*, 185), image qui renverse dérisoirement sa signification, celle-ci, avec la menace d'anéantissement qu'elle

comporte, n'est pourtant jamais complètement oubliée[48]. En
second lieu, en effet, la probabilité que la guerre ait fait au
moins une victime ce jour-là n'est pas formellement démentie ;
au contraire, l'absence dans le communiqué de la « *petite
phrase rassurante* » (201) fait virtuellement mourir Nueil. Enfin,
en troisième lieu, arrivé l'après-midi de la Toussaint à La Fougeraie, c'est le lendemain, le *Jour des Morts*, que le héros,
refermant la parenthèse, reprend le chemin du retour (251). On
se rappellera ce qu'écrit à ce sujet Jean Markale : « [...] *dans
toutes les traditions celtiques, le Jour des Morts est aussi le
Jour de l'An, la plus grande fête de l'année, la fête de*
Samain. *Cette fête se déroule d'ailleurs* la nuit, *et pendant
cette nuit, le monde des morts est ouvert aux vivants qui
peuvent y pénétrer et en repartir ensuite.* »[49]. Ouverture que
dénote un rappel du narrateur :

[...] tout à coup, il me sembla qu'une ombre allait et venait avec moi
dans le salon : c'était le début de cet hiver parisien où tant de familles
de morts commencèrent à s'asseoir en cercle à la nuit tombée et à
joindre les doigts silencieusement autour des tables [...].   (*RC*, 234)

Que l'on mette ces lignes en rapport avec une notation
antécédente présentant la servante et Nueil rituellement placés
autour de la table, « *gestes et regards noués* » (*RC*, 229), et l'on
verra combien sont étroitement liés dans le texte la relation
désirante et le mouvement par lequel la mort est transgressée.
Dans ce contexte, l'affirmation rituelle d'une communauté des
morts et des vivants, communauté jamais aussi bien marquée
qu'autour d'une table où consommer c'est communier, cette
affirmation revêt une double signification à partir de laquelle
le récit de Gracq s'élucide notablement. Tout d'abord, en
réactivant le trait générique ménipéen des « *ultimes questions* »
sur le monde (p. 161[1]) et les syncrèses dialogiques qui président
aux instants sur le seuil (p. 162[1]), elle se situe dans la perspec-

tive carnavalesque qui institue le « *contact libre et fami-*
lier » (p. 170[1]) entre les participants, « *rapproche, réunit, marie,*
amalgame le sacré et le profane » (p. 171[1]) et, par le biais de
l'in-détronisation (par où passe le roi Cophétua), ouvre sur ce
qui se révèle être son « *noyau profond* » (p. 172[1]), son « *idée*
essentielle », à savoir celle de la « *déchéance et du remplace-*
ment, de la mort et de la renaissance ». Dans cette perspective, le désir est gros de la mort, et inversement, le Jour des
Morts est aussi celui de Samain, et le premier jour de l'année
l'occasion rituelle des Saturnales. Or cette première signification ne fait que transposer l'expulsion fondatrice sur le mode
de laquelle s'éprouve toute mort et qui, « *en retour, peut se*
remémorer sur le mode de la mort » (p. 355[7]). Girard précise en
effet que comme « *celui des dieux, le culte des morts est une*
interprétation particulière du jeu de la violence en tant qu'il
détermine le destin de la communauté ». C'est justement
pourquoi la mort, à l'instar de la victime sacralisée, cumule
des aspects bénéfiques et des aspects maléfiques ou que, en
d'autres termes, dans la mort « *il y a bien la mort mais il y a*
aussi la vie » (p. 354[7]).

VI

VERS UN DÉVOILEMENT DU LITTÉRAIRE

Q^{UE} ce soit dans *Au château d'Argol, Un Beau téné-breux* ou *Le Rivage des Syrtes*, l'imaginaire était à la source des rivalités conflictuelles. Dans le schéma fonda-mental centré sur la relation à l'objet, l'Autre fournissait au sujet le modèle du désir en même temps qu'il se constituait comme obstacle. L'image, en tant qu'elle est toujours repré-sentation *de* l'Autre, et le support d'une projection identifica-trice autant que d'une exclusion, d'une répulsion autant que d'une attraction, l'image finissait par s'imposer à la relation désirante dont elle occultait le noyau objectal. Le dialogisme des voix pouvait s'en trouver favorisé, mais c'était au risque d'une perte d'identité pour le sujet. Inversement, que ce der-nier s'enfermât dans son ipséité pour se complaire dans une image où se répétait son identité, et c'était le rapport à l'Au-tre qui était perdu. Une troisième voie était ouverte quand le sujet se constituait en modèle. Appropriation hallucinatoire d'Albert par Herminien, identification délirante d'Orsenna à ses propres mirages, autoréflexion narcissique d'Allan — telles étaient les trois modalités, également mortelles, du désir mimé-tique. Dans tous les cas, la *mimesis*, opérant à l'échelle de l'individu ou de la communauté, accélérait le jeu des dédou-blements et le précipitait vers l'issue inéluctable d'un meurtre,

79

d'un suicide ou d'une guerre. Dans ce schéma, les processus carnavalesques intervenaient soit comme principe structurant, soit comme contenu thématique : la stylisation littéraire du roman noir et les modulations intertextuelles du romantisme français, dans un cas, ouvraient la narration à une prolifération de stases carnavalesques qui la subvertissaient ; la *Icherzählung* monologique, dans l'autre, fermait le héros-narrateur à la signification de son propre désir. À chaque fois, les renversements, les syncrèses, les ambivalences venaient buter sur les rivalités mimétiques interdividuelles et / ou intercommunautaires : le contact libre et familier réactivait subrepticement l'indifférenciation ; les actes codés d'agression réalimentaient la violence réciproque, la mauvaise réciprocité ; l'intronisation et la détronisation du roi bouffon se fondaient sur le choix puis l'exclusion d'une victime émissaire, etc.. Bref, le rituel carnavalesque se reversait sur son scénario primitif, ses modalités ludiques jouaient en faveur des rivalités mimétiques, sa fonctionnalité dérivait immanquablement vers une substantialisation des rôles[50].

C'est tout ce matériau que récapitule « Le Roi Cophétua », mais en l'affectant d'un autre coefficient de valeur, en l'insérant dans une organisation sensiblement différente. Le mouvement qu'il opère par rapport aux fictions antérieures est d'ordre critique, sa portée est de nature explicative. En plaçant la violence au début et non à la fin, en convertissant en donnée préalable, en fondement irréductible, ce qui n'apparaissait jusque-là qu'au terme d'un devenir conflictuel du mimétisme, le dernier récit de Gracq fait plus que mettre en pleine lumière la signification des processus que modulent sa structure et sa thématique narratives : il expose, explique, développe le sens de son écriture dans le geste même qui découvre la cohérence du lien unissant les différenciations que le désir tente d'extraire de l'indifférencié et l'activité différen-

80

ciatrice qui constitue l'écriture. S'éclaire du même coup cette nuit dont Gracq partage la fascination avec le romantisme allemand... Ensuite, en impliquant le lecteur comme sujet de la représentation, ce récit ne fait plus de l'imaginaire l'horizon mythique de l'univers représenté, mais le moteur de la représentation narrative comme de toute représentation en général. Et comme pour mieux mettre en relief la résolution structurale induite par le déplacement critique qu'il effectue, il inscrit en son centre une mise « en abyme » non pas seulement de l'histoire, mais du récit en tant que production littéraire, par quoi quelque chose comme le fondement de l'écriture se trouve dévoilé : le tableau, miroir magique, irradiant tel « *une figurine transpercée d'épingles* » (*RC*, 235), retient sous le charme de l'image, configure dans la visée esthétique, consume, mais sans les consommer, dans le sacrifice de la réalité, les traces toujours effervescentes de la violence.

1. M. Bakhtine, *La Poétique de Dostoïevski* (trad. I. Kolitcheff, présentation de J. Kristeva. Paris, Seuil, 1970). (Rappelons qu'il s'agit de son premier ouvrage, paru en 1929 et remanié pour la seconde édition, en 1963.)

2. R. Girard, *Le Bouc émissaire* (Paris, Grasset, 1982).

3. Quelques lignes plus loin, les arts sont présentés comme une reproduction de la crise d'indifférenciation et de son dénouement sacrificiel (p. 198^2). C'est dans cette direction que s'est engagée la réflexion d'Éric Gans ; voir en particulier ses *Essais d'esthétique paradoxale* (Paris, Gallimard, 1977) et dans leur prolongement : « Romantisme, post-romantisme et marché », *Poésie*, n° 44, 1er trim. 1988, pp. 103–18 ; « L'Autre originaire de la poésie », *Poésie*, n° 47, 4e trim. 1988, pp. 99–106.

4. Y. Bonnefoy, *Du mouvement et de l'immobilité de Douve, Poèmes* (Paris, Gallimard, « Poésie », 1982), p. 74. On lira sur ce thème la belle communication de Georges Formentelli au Colloque de Cerisy (septembre 1983) sur Y. Bonnefoy ainsi que son article, « La Poésie d'Yves Bonnefoy : cri, bruit, sacrifice », *Critique*, n° 457-8, juin-juil. 1985, pp. 686–718.

5. R. Girard, *Critiques dans un souterrain* (Paris, Grasset/Le Livre de poche, 1983 ; 1re éd. du recueil : Lausanne, L'Âge d'homme, 1976). (Pp. 41–135 : « Dostoïevski, du double à l'unité ».)

6. J. Kristeva, *Séméiotikè* (Paris, Seuil, 1969), pp. 143–73 : « Le Mot, le dialogue et le roman » (texte de 1966).

7. R. Girard, *La Violence et le sacré* (Paris, Grasset, 1972).

8. Le plus ancien texte critique de Gracq, « À propos de *Bajazet* », a été publié en 1946 avant d'être repris en volume dans *Préférences* (1960). Quant aux cahiers dont ont été tirés la quasi-totalité des textes non fictionnels publiés depuis les premières *Lettrines* (1967), Gracq commença de les tenir à partir de 1954. Pour tous ces éléments historiques, voir la précieuse chronologie établie par B. Boie dans son édition des *Œuvres complètes* de Gracq (Paris, Gallimard, « Bibl. de la Pléiade », t. I, 1989), pp. LIX-LXXXII.

9. Cet essai fut écrit au début de 1984, alors qu'étaient achevés les deux autres livres, axés sur cette même œuvre, que j'ai publiés depuis. Des circonstances de divers ordres en ont également retardé la publication. Le relisant, j'ai décidé d'en conserver l'essentiel et de lui garder sa portée de proposition, sauf à revenir, comme je viens de le faire, sur certains points qui appelaient des éclaircissements. C'est la raison pour laquelle, dans un appareil bibliographique délibé-

rément léger, je n'ai pas tenu compte, à deux ou trois exceptions, des travaux qui ont paru durant cet intervalle : si la bibliographie de Girard s'est augmentée de quelques titres, et si des ouvrages et articles se réclamant de ses thèses (ou les attaquant) comme de celles de Bakhtine ont également vu le jour, ni les uns ni les autres ne remettent foncièrement en cause les options théoriques ici présentées ; quant aux études gracquiennes, pour connaître un essor toujours croissant, force est de constater qu'à ma connaissance les aspects de l'œuvre auxquels, après d'autres, je me suis arrêté, n'ont guère retenu l'attention depuis lors. Patrick Marot a bien voulu relire ces pages ; qu'il me soit permis de lui exprimer ici mes remerciements pour les amicales suggestions dont il m'a fait part.

10. Voir la communication de Michel MURAT, « Voyage en pays de connaissance ou Réflexions sur le cliché dans *Argol* », pp. 394–408 in *Julien Gracq, Actes du colloque international, Angers, 21–24 mai 1981* (Presses de l'Université d'Angers, 1981) [ci-après *Colloque Gracq*].

11. Jean ROUDAUT, « L'Écrivain au travail — entretien avec Julien Gracq », *Magazine littéraire*, n° 179 : "*Julien Gracq*", déc. 1981, p. 24.

12. Toute cette question pourrait être reprise à la lumière d'une décisive mise au point : Gérard GENETTE, *Palimpsestes* (Paris, Seuil, 1982), pp. 17–39.

13. Voir encore : « *ange noir et fraternel* » (*CA*, 168), « *Visiteur au sombre manteau* », « *ange sombre* » (175). À la fin du récit, les pans de son manteau sont assimilés à des ailes noires (182).

14. Voir : « *exaltation fraternelle* » (*CA*, 103), *« chant de la fraternité virile »* (113), « *fraternelle connivence* » (133).

15. J.-P. GOUX, *Les Leçons d'Argol* (Paris, Temps Actuels, 1982).

16. R. GIRARD, *Des choses cachées depuis la fondation du monde* (Paris, Le Livre de poche, 1983 ; 1ʳᵉ éd. : Paris, Grasset, 1978). (C'est ici que Girard analyse le plus en détail le fonctionnement mimétique du désir : voir la dernière partie : « Psychologie interdividuelle », en particulier pp. 401–87.)

17. Voir toute la description du salon (*CA*, 25–9), et en particulier : « *Cette salle n'offrait aucun meuble [...] on eût dit le campement de nuit de la Horde d'or dans une blanche cathédrale byzantine.* » (25-6).

18. Je reprends à Goux son schéma en trois étapes, mais en y insérant les perspectives girardiennes.

19. Plutôt qu'*interindividuelles*, car il s'agit de rendre compte des rapports entre les participants dans la réciprocité accélérée des réactions mimétiques : comme le dit Girard, « *on ne sait plus littéralement ce qu'il en est du moi et de l'autre* » (p. 53 [16]).

20. Voir la communication de Robert BAUDRY, « Julien Gracq et la légende du Graal », pp. 244–63 in *Colloque Gracq* (*op. cit.*).

21. Voir G. GENETTE, *Figures III* (Paris, Seuil, 1972), pp. 238-9 : « Discours du récit ».

22. P. PRUVOT, « Éclats acérés », *Givre* [Charleville-Mézières], n° 1 : "*Julien Gracq*", mai 1976, p. 46.

23. Herminien a consacré son séjour hors d'Argol à des recherches « *au sujet de*

l'histoire même du château et des circonstances de sa construction, qui semblait remonter à l'époque extrêmement reculée des invasions normandes et des luttes entre toutes sanglantes qui opposèrent alors aux envahisseurs les Bretons récemment débarqués dans cette mélancolique contrée » (*CA*, 169). Les envahisseurs à leur tour envahis... Répétition de l'histoire faisant s'affronter les frères ennemis.

24. R. AMOSSY, *Les Jeux de l'allusion littéraire dans " Un Beau ténébreux" de Julien Gracq* (Neuchâtel, À la Baconnière-Payot, 1980).

25. Sur les signes victimaires, voir pp. 168–75[16] et pp. 29–34[2].

26. Sur l'in-détronisation carnavalesque, voir pp. 171-2[1].

27. À la fin de sa première conversation avec Gérard, Allan oppose les « *douteuses figures* », les « *fantômes abominablement décolorés dont l'esprit se joue* » (*BT*, 72) à la merveille de la présence telle qu'elle se manifeste dans l'incarnation du Christ. Dans cette perspective, il comprend la quête du Graal comme une « *aventure terrestre* » : « *Cette coupe existait, ce sang ruisselait, de la vue duquel les chevaliers avaient faim et soif.* ».

28. J. CHÉNIEUX, « La Tentation dans l'œuvre de Julien Gracq — Tragique, épos et mythe », *Revue des sciences humaines*, n° 157, 1975-1, p. 117.

29. Il faut relire dans son ensemble la dernière conversation entre Gérard et Allan (*BT*, 148–67) dans laquelle les diverses hypothèses sont exposées, du « *Il faut payer* » (160) d'Allan au « *Vous êtes joueur* » (161) de Gérard.

30. La parabole est « *un discours indirect qui peut recourir à des éléments narratifs mais pas nécessairement [...]. Ce qui fait l'essence de la parabole, dans l'usage évangélique, c'est l'enfermement volontaire de Jésus dans la représentation persécutrice, au bénéfice de gens qui ne peuvent rien entendre d'autre, y étant eux-mêmes enfermés* » (p. 262[2]).

31. *L'Œuvre de François Rabelais et la culture populaire au Moyen Âge et sous la Renaissance* (trad. A. ROBEL. Paris, Gallimard, 1970).

32. Il y a même là, selon Girard, tout le contenu d'une alternative qu'aura à résoudre plus ou moins consciemment l'écrivain : soit il confirmera « *lui-même la pertinence du désir mimétique et des* doubles » (p. 22[5]) — Dostoïevski, Camus —, soit « *cette pertinence ne vas pas moins s'affirmer une fois de plus, au-delà d'un certain seuil, et de façon spectaculaire, en l'absence, si l'on peut dire, et en dépit de cet auteur, dans l'irruption de la folie* » (p. 22-3[5]) — Rousseau, Hölderlin, Maupassant, Nietzsche.

33. Notons au passage que parmi d'autres textes de Dostoïevski se trouve cité *L'Éternel mari* (*BT*, 101-2), vecteur de la réflexion girardienne depuis *Mensonge romantique et vérité romanesque*.

34. Le terme de *scandale* revient souvent dans le texte, par exemple lorsque Gérard s'adresse à Allan : « [...] *faites cesser ce scandale irritant, que vous portez partout* » (*BT*, 151), dans cette réflexion de Gérard avant le bal masqué : « *Un scandale était dans l'air* [...] » (169), ou enfin dans cette déclaration d'Allan à Christel : « *Il y a un grand pouvoir dans le scandale, quand il cesse.* » (217). Voir aussi cette phrase significative d'*Argol* dans laquelle est décrit l'isolement d'Albert face au couple « maudit » formé par Heide et Herminien : « *Où qu'ils allassent, il*

se traînerait aux pieds de ce couple de marbre aux yeux vides et bleuâtres, plus dépaysant qu'une statue déterrée d'un jardin, plus désœuvrant qu'une machine à remonter le temps, plus démoralisant que l'introuvable pierre de scandale. » (*CA*, 133). Sur le *skandalon*, voir pp. 573–92[16] et pp. 190–3[2], 273[2].

35. Dans son étude du *Joueur*, Girard mettait le jeu en relation avec la problématique de l'orgueil et du désir (pp. 78-9[4]).

36. Ainsi la réaction de Pierre à l'annonce de la Passion par Jésus lui-même, réaction d'incrédulité, tant les disciples sont dominés par l'idéologie du succès : « *Toute la communauté* [commente Girard] *est travaillée par le désir mimétique, aveugle par conséquent à la nature vraie de la révélation. On voit surtout en Jésus le thaumaturge, l'entraîneur des foules, le chef politique.* » (p. 223[2]). Sur la lecture sacrificielle imposée par le christianisme historique, voir pp. 324–74[16].

37. James George FRAZER, *Le Bouc émissaire — Étude comparée d'histoire des religions* (Paris, Librairie orientaliste Paul Geuthner, 1925), pp. 76–81. (On se reportera au corpus rassemblé pp. 263–364 : « Saturnales et fêtes similaires ».)

38. Concluant un développement sur le thème du « mauvais œil » comme prototype de l'accusation mythique énoncée à l'encontre des victimes émissaires, Girard écrit : « *Dans toutes les sociétés où les propensions à la violence collective continuent à fermenter, la terreur du " mauvais œil " est présente, et elle apparaît souvent sous la forme d'une crainte, en apparence rationnelle, des regards indiscrets, crainte dont fait partie, bien entendu, l'" espionite " du temps de guerre.* » (p. 163[16]). Plus radicalement, cet effet doit être corrélé au dispositif méduséen que met en place la capture spéculaire du sujet dans la représentation.

39. Voir l'entretien entre Aldo et l'envoyé de Rhages et la réplique de l'envoyé à une remarque de son interlocuteur selon laquelle les deux pays sont en état de guerre (*RS*, 248).

40. R. AMOSSY, *Parcours symboliques chez Julien Gracq — " Le Rivage des Syrtes "* (Paris, SEDES, 1982).

41. Voir la fameuse « Fiche signalétique des personnages de mes romans » (*LI*, 35-6).

42. A.-C. DOBBS, *Dramaturgie et liturgie dans l'œuvre de Julien Gracq* (Paris, J. Corti, 1972), p. 137.

43. G. DELEUZE et F. GUATTARI, *L'Anti-Œdipe* (Paris, Minuit, nouvelle édition augmentée, 1975), p. 180.

44. Je me sépare ici de l'interprétation de J. Chénieux dans son article déjà cité (voir en particulier, p. 118[28]).

45. Voir Sigmund FREUD, *Psychopathologie de la vie quotidienne* (trad. S. JANKÉLÉVITCH. Paris, Petite Bibliothèque Payot, 1976), p. 123.

46. Les trois autres motifs sont les suivants : la masse des cheveux noirs, les bras et les pieds nus.

47. Girard prend soin de souligner que dans la relation triangulaire, « *le véritable tiers n'est pas celui qu'on pense* » (p. 473[16]) : ce n'est pas le rival, mais le sujet, « *et s'il désire toujours de façon triangulaire, c'est parce que son désir est la copie conforme d'un désir préexistant* ».

48. Cette ambivalence de la guerre était déjà en germe dans le *Rivage*, et *Un Balcon en forêt* en faisait l'un de ses principaux thèmes.

49. J. MARKALE, « Julien Gracq ou le Celte janséniste », *Givre*, n° 1 : " *Julien Gracq* ", mai 1976, pp. 84-5.

50. « *Le carnaval fête le changement, son processus même, et non pas ce qui est changé. Il est pour ainsi dire fonctionnel et non pas substantiel.* » (p. 172[1]). Cette remarque de Bakhtine est à mettre en corrélation avec ce que Girard déclare de son côté : « *Je crois moi-même à une certaine fonctionnalité du rituel, mais cette fonctionnalité n'est pas toujours assurée ; il y a des rites qui tournent à la discorde véritable.* » (p. 37[16]).

TABLE

ARCHIVES DES LETTRES MODERNES
études de critique et d'histoire littéraire
collection fondée en 1957 par Michel MINARD

Cette collection se présente sous l'aspect de fascicules indépendants (d'un nombre variable de pages), chaque livraison n'étant consacrée qu'à un seul sujet. Le lecteur y trouvera : des articles de fond (état présent d'une question, programme d'étude...) ; des résultats de recherche, des documents ou des textes ; des bibliographies critiques ou des comptes rendus de synthèse ; des traductions ou des reproductions d'articles difficilement accessibles — des combinaisons de ces diverses formules.

*

Cette collection n'est pas périodique mais on peut souscrire des abonnements aux cahiers **à paraître** (sans effet rétroactif) regroupés en livraisons d'un nombre variable de pages, donc de cahiers.

60 cahiers **à paraître** : FRANCE - ÉTRANGER : **575 F**
(tarif valable de septembre 1990 à septembre 1991)
les souscriptions ne sont pas annuelles et ne finissent pas à date fixe

la livraison n° 248 de la collection
ARCHIVES DES LETTRES MODERNES
ISSN 0003-9675
a été servie aux souscripteurs abonnés
au titre des cahiers 364–370

Bernard VOUILLOUX

mimesis
sacrifice et carnaval dans la fiction gracquienne

ISBN 2-256-90441-5 (08/91)
MINARD 67 F (08/91)

exemplaire conforme au Dépôt légal de août 1991
bonne fin de production en France
Minard 73 rue du Cardinal-Lemoine 75005 Paris